어린이 에세이 — ⑤
생활문은 어떻게 써요?

어린이 에세이 교실 지음

자유토론

이 책을 내면서

어린이들은 참으로 많은 것을 보고 겪으며 자랍니다. 예쁜 꽃, 귀여운 동물, 싱그러운 바람, 맑은 햇살, 그리고 부모님과 가족들의 따뜻한 사랑, 아름다운 이야기…….

친구들과의 놀이, 장난감, 그림 그리기, 책 읽기, 어린이들에게 필요한 것은 참으로 많습니다.

그 중에서도 충분한 영양분은 어린이들의 몸을 자라게 해 주고 좋은 글 한 편은 정신을 살찌게 해 줍니다. 거기에 좋은 글을 쓸 수 있는 기회가 보태진다면 더더욱 몸과 마음이 튼튼한 어린이로 자랄 것입니다.

　일기를 쓰면서 하루를 반성하고, 동시와 동화를 쓰면서 많은 상상의 세계를 펼치고, 생활문을 쓰면서 사랑을 배우고, 논설문·설명문·독후감을 쓰면서는 논리적이고 체계적인 사고력을 키우게 됩니다.

　좋은 생각이 담긴 글을 많이 읽고, 좋은 생각을 많이 해 보며, 좋은 생각을 글로 표현해 보는 것, 어린이들에게 그것만큼 소중한 것은 다시 없을 것입니다.

2018년 6월 20일
어린이 에세이 교실

차 례

어린이 에세이 — ⑤
생활문은 어떻게 써요?

1. 생활문이란 어떤 글일까요? • 9

    2. 주제와 소재(중심 생각과 글감) • 13

3. 좋은 글을 쓰기 위한 훈련 • 21

1 생활문이란 어떤 글일까요?

생활문이란 우리가 생활하면서 보고, 듣고, 경험하고, 느낀 것을 줄글로 나타내는 것입니다.

즉 학교, 집, 학원에서 또는 친구들과 노는 중에 경험했던 일의 한 부분들을 알맞게 꾸며서 자세히 적은 글입니다.

우리는 하루하루 참으로 많은 일들을 경험하게 됩니다. 학교에서는 선생님과 친구들 사이에서, 집에서는 부모님과 형제들 사이에서, 놀이터나 골목에서는 수없이 많은 일들을 경험하고 느낍니다.

우리는 이런 경험 속에서 옳고 그름에 대한 판단을 하기도 하고 자기 자신을 돌아보기도 하며, 가슴 속에서 우러나오는 진한 감동을 느끼기도 합니다.

그런 모든 장면들은 생활문의 좋은 글감이 되어 줍니다.

친구와 싸우고 나서 마음이 언짢았던 일, 숙제를 해 가지 않아서 선생님께 혼나고 기분이 나빴다가도 반성하며 뉘우친 기억, 어느 날 부모님의 마른 손을 보고 가슴 한 켠이 싸늘해졌던 경험 등은 모두 생활문을 쓰기 위한 귀한 자료가 되어 주는 것입니다.

그래서 생활문이란 생활 속에서 있었던 이야기를 재미있게 가꾸고 다듬은 글이라고 생각하면 됩니다.

하지만 어린이 여러분은 생활문 쓰는 것을 몹시 부담스러워합니다. 생활문은 길게 써야 한다고 생각하기 때문입니다.

또한 한 가지 주제를 놓고 하루의 일만 쓰는 것이 아니라 그 전에도 있었던 일을 정리해서 쓴다는 것이 부담스럽기 때문이지요.

하지만 다른 사람의 일이 아니라 스스로의 경험과 느낌을 적는 글이기 때문에 생활문 쓰기는 아주 쉽습니다.

　무엇을 쓸 것인가 생각한 뒤에 경험했던 일을 쓰기 시작하면 어렵지 않게 쓸 수 있습니다.

　생활문은 어떤 글보다도 중요합니다.

　생활문을 잘 쓸 수 있어야 동시, 일기, 편지, 기행문, 논설문, 감상문 모두 잘 쓸 수 있습니다. 생활문에 대한 글쓰기가 부족하다면 다른 글을 잘 쓸 수 있다는 기대는 하지 말아야 합니다.

한 마디로 생활문은 모든 글의 기본이 되는 것입니다. 모래 위에 집을 지을 수 없듯이 생활문 쓰는 실력 없이는 그 어떤 글도 잘 쓸 수 없습니다.

글 실력은 결코 하루 아침에 이뤄지지 않습니다.

미술, 음악으로 인정받기 위해서는 많은 시간과 투자가 필요하다고 하지만 글을 잘 쓰기 위해서는 그보다 더 많은 투자와 노력이 필요합니다.

많이 읽고 쓰는 습관은 좋은 글을 쓰기 위한 열쇠입니다. 또한 이러한 습관은 어려서부터 다져 나가야 합니다. 바로 어린이 여러분이 해야 할 몫이지요.

2 주제와 소재(중심 생각과 글감)

모든 글의 바탕은 주제와 소재입니다. 생활문도 예외는 아닙니다.

주제란 글을 읽는 사람에게 전달하려 하는 가장 중요한 알맹이를 말합니다. 글쓴이가 글을 통해 나타내고자 하는 중심 생각인 셈이죠.

소재란 주제를 정확하게 나타내기 위한 밑거름입니다. 글감이라고 부르기도 하죠. 즉 좋은 음식을 만들기 위한 재료가 되는 것입니다.

여러분들의 생활 경험은 모두 주제와 소재가 될 수 있습니다. 그 많은 경험 중에서 어떤 것을 고를 것인가는 결코 쉬운 일이 아닙니다. 보고, 듣고, 행동하고, 느낀 일 중에서 딱 한 가지만 골라 내어 글로 표현하는 일은 정말 어렵습니다.

그 어려움을 가장 쉽게 극복할 수 있는 방법은 평소에 좋은 글감을 메모하는 습관을 길러 두는 것입니다.

예문으로 보여 주는 생활문에서 여러분 스스로 주제와 소재를 찾아 보세요.

예 문

내 동생

3학년 오지혜

요즘 나에게는 한 가지 소원이 있다. 내 동생이 건강하게 자라는 것이다.

"콜록, 콜록!"

엊그제부터 동생은 기침을 하느라고 몹시 힘들어한다. 감기가 심하게 걸린 것이다. 동생이 힘들어하고 괴로워하니까 너무도 가엾다. 그럴 때면 차라리 내가 아프고 싶은 심정이다. 어떤 때는 진짜로 내가 아픈 것 같은 생각이 들 때도 있다.

동생은 아파도 여전히 개구쟁이이다. 저녁에 텔레비전에서 노래가 나오면 식구들 앞에서 신나게 춤을 추고 노래를 한다.

그런 동생이 너무 귀엽다.

어제도 기침 때문에 힘들어하면서도 노래가 나오니까 춤을 열심히 추었다. 그리고는 땀을 흘렸다. 땀을 흘리면 다시 기침이 쏟아질까 봐 나는 조마조마한 마음으로 동생을 바라보았다.

친구들은 여러 가지 소원을 말한다. 미스코리아가 소원이라고 말하는 친구도 있고, 학교 선생님이 꿈이라고 말하는 친구도 있다.

그렇지만 내 소원은 동생이 건강하게 자라는 것이다. 내 동생은 장차 우리 부모님을 모시고 살아야 한다.

우리 부모님도 언젠가는 늙으실 것이고 그러면 누군가의

도움을 받아야 한다. 그런데 동생이 자꾸 아프면 나는 걱정이 너무 많아진다. 건강이 나쁜 동생이 부모님을 모시는 상상을 하면 벌써 눈물이 나오려고 한다. 특히 병원에 같이 가서 동생이 주사 맞는 것을 볼 때면 더욱 슬픈 생각이 든다.

사람에게 가장 소중한 것은 건강이라고 우리 선생님이 말씀하셨다. 나도 그렇게 생각한다.

몸이 아파서 아무 것도 못 하면 너무 속상할 것이다. 앞으로는 동생과 함께 가벼운 운동부터 시작해 볼 생각이다.

예 문

목욕탕

2학년 김민진

"엄마, 아파요. 살살 밀어 주세요."
엄마랑 목욕탕에 가는 것이 정말 싫다. 엄마는 너무 아프게 때를 밀기 때문이다. 너무 아파서 살이 벗겨지는 것 같다. 그래도 다 씻고 나면 기분이 좋긴 하다.

나도 엄마 등을 밀어 드리고 싶었다.

"엄마, 제가 등 밀어 드릴게요."

"민진이가 다 컸네. 엄마 등도 밀어 주고."

나는 엄마 등 뒤로 가서 두 손을 모아 힘껏 등을 밀었다. 때가 조금 나왔지만 엄마 등은 금방 빨개졌다. 너무 힘이 들어서 조금 하다가 그만두었다.

"엄마, 미미 목욕시킬게요."

엄마가 목욕하시는 동안 나는 인형을 목욕시켰다.

"미미야, 안 아프게 씻어 줄게."

수건에 비누를 묻혀 미미의 얼굴부터 깨끗이 닦아 주었다. 엄마 등을 밀 때는 힘들었지만 인형 목욕은 아주 쉬웠다.

미미 목욕을 다 시키고 나니 심심했다. 목욕탕에 오랫동안 있어

서인지 목도 마르고 힘들었다. 그 때 목욕탕에 남자 아이가 엄마와 함께 들어왔다. 나는 무척 놀랐다.

"엄마, 빨리 나가요."

나는 창피했다. 엄마는 그래도 천천히 목욕을 하셨다. 나는 그 남자 아이가 나를 볼까봐 괜히 불안했다. 왜 여자 목욕탕에 남자 아이가 들어오는지 모르겠다. 만약에 우리 아빠가 나한테 남자 목욕탕에 가자고 하면 분명히 싫다고 할 것이다.

예문

동혁이는 겁쟁이가 아니에요

3학년 박설원

엄마가 아침 일찍 저를 깨우셨어요. 오늘은 원천 유원지에 놀러 가기로 했거든요. 동혁이랑 설경이도 같이 가기로 했어요.

"엄마, 우리 빨리 가요."

나는 엄마를 졸랐어요. 유원지에 가면 바이킹을 탈 수 있거든요. 청룡열차를 타면 어지럽지만 참 재미있어요.

우리들은 차를 타고 갔어요.

유원지에는 제 또래 친구들이 많았어요.

유원지에 도착하자마자 제일 타고 싶었던 청룡열차 앞으로 달려갔어요.

"나는 안 탈 거야."

동혁이는 무서운가 봐요. 싫다는 거예요.

"동혁아, 무섭지 않아. 내가 옆에서 같이 탈게."

제가 동혁이를 안심시켜 주었어요. 우리는 표를 사서 줄을 섰어요.

엄마하고 설경이는 안 탄다고 해서 동혁이랑 저만 타기로 했지요.

우리 탈 차례가 되었어요. 조심조심 청룡열차 위로 올라갔어요. 가슴이 콩닥콩닥 뛰었습니다.

"손님 여러분, 안전을 위해 벨트를 꼭 매어 주시기 바랍니다."

 어떤 언니가 마이크로 말했어요. 놀이 기구가 천천히 움직이기 시작했어요. 그리고 금방 꼭대기까지 올라갔어요. 가슴이 아까보다 더 큰 소리를 내며 콩닥콩닥 뛰었어요. 저도 모르게 주먹이 꽉 쥐어졌어요.
 '씽' 하는 소리와 함께 청룡열차가 아래로 내려갔어요. 사람들이 막 비명을 질렀어요. 동혁이도 무서웠는지 소리를 마구 질렀어요. 저도 무서웠지만 소리는 지르지 않았어요. 빨리 내리고 싶은 생각만 들었어요.
 스르르 청룡열차가 멈췄어요. 일어날 수가 없었어요. 무척 어지러웠거든요. 그런데 동혁이는 씩씩하게 내려가는 것이었어요. 그리고 저에게 이렇게 말하는 거예요.
 "누나, 우리 한 번 더 탈까?"
 저는 속으로 생각했어요. 다시는 동혁이를 겁쟁이라고 놀리지 않겠다고요.

3 좋은 글을 쓰기 위한 훈련

1. 주제와 소재 찾기

 선생님께서 글을 쓰라고 하면 "뭘 쓰지?" 하고 한참 고민하게 됩니다. 간혹 글짓기 대회에 나가서 제목을 정해 주면 많은 어린이들은 뭘 써야 할지 몰라서 쩔쩔매다 시간만 보내는 수가 많습니다.
 그런 경우는 너무 막연하게 주제를 찾으려고 하기 때문입니다.
 좋은 주제는 우리 주변에 얼마든지 있습니다. 마치 어린이 여러분이 놀잇감을 주위에서 얼마든지 찾아 낼 수 있듯이 말입니다.

주제를 발견했으면 그에 맞는 글감, 즉 소재를 찾아야 합니다. 소재는 주제를 잘 표현할 수 있는 것이어야 합니다.

"나는 글로 쓸 이야기가 없어."

"뭘 써야 하는지 정말 모르겠어."

이렇게 불만을 가지는 것은 자기 주변에서 주제와 소재를 찾아 보려고 노력하지 않았기 때문입니다.

좋은 주제와 글감을 찾아 내려면 그 요령을 먼저 배워야 합니다.

요령은 다음과 같습니다.

첫째, 남들이 다 아는 일이거나 다 같이 겪은 일은 될 수 있으면 피하는 것이 좋습니다. 다른 사람은 모르지만 나는 정확하게 알고 있는 일을 선택하는 것이 좋습니다.

다 같이 겪은 일이라도 나만의 글로 쓸 수 있다면 좋은 방법이 됩니다. 그러자면 자세히 관찰하고 상상하고 새로운 것을 찾아 내려는 노력이 필요합니다.

둘째, 그 이야기가 그 이야기에 불과하다면 전혀 좋은 글이 될 수 없습니다. 이야기의 흐름이 많을수록 좋은 글이 됩니다. 대신 이야기에는 깊이가 있어야 합니다.

자, 요령에 맞게 여러분이 쉽게 접근할 수 있고 깊게 표현할 수 있는 주제를 결정했다면 이제 좋은 글감을 찾아야 합니다.

여러분 주변에서 글감이 될 수 있는 여러 가지를 찾아 보도록 하겠습니다.

우선 가정에서는 가족 행사와 관련된 글감이 있습니다.

- 생일 잔치
- 아기 탄생
- 친척들의 기쁜 일
- 오랜 만에 만난 친척

공부와도 관련된 글감이 있습니다.

- 숙제
- 시험
- 만들기
- 관찰

가족 간의 다툼이나 화해, 사랑도 글감이 될 수 있습니다.

- 동생과 다툰 일
- 잘못을 하고 부모님께 꾸중을 들은 일
- 정든 가족과 헤어진 일
- 외식이나 여행을 한 일

두 번째로 학교에서는 선생님과 관련된 여러 사건이 있습니다.

- 선생님이 고마웠던 일
- 선생님께 꾸중을 들은 일
- 칭찬이나 벌을 받았던 일

친구끼리 생긴 일도 빼 놓을 수 없죠.

- 친구와 싸운 일
- 친구의 생일날
- 친구들과 놀았던 일

학교에서 있었던 특별한 행사는 글을 쓰는 데 좋은 소재가 됩니다.

- 운동회
- 소풍이나 수학 여행
- 캠핑이나 야영
- 글짓기 대회나 그림 대회

가정과 학교 이외의 사회 생활에도 여러 가지 글감들이 숨어 있습니다.

- 학교를 오고 가면서 보았던 일
- 동네의 일
- 시장이나 문방구에서 보았던 일
- 집을 떠나 여행을 하면서 느꼈던 일
- 연극, 텔레비전, 영화 등을 보았던 일

그 외에 이런 것들은 어떨까요.

- 식물, 동물에 관한 일

- 날씨에 관한 일
- 음식에 관한 일

이런 여러 글감을 가지고 다음과 같은 질문을 통해 가장 적합한 것을 간추려 보고 다듬어 갈 필요가 있습니다. 무엇보다 주제와의 긴밀한 관계를 늘 유의해야 합니다.

(1) 주제를 표현하기에 적합한 것인가?
(2) 언제 어디서 무슨 일이 있었던가?
(3) 그 때의 심정은 어떠했을까?
(4) 그 일 속에서 가장 기억에 남은 일은 무엇일까?
(5) 그 일에 관련된 사람은 누구였으며 그 사람이 어떻게 했는가?
(6) 그 일로 특별히 느낀 감상이나 반성은 무엇인가?

이젠 구체적인 글감을 제시해 보겠습니다. 우선 여러분은 이 글감을 보고 어떻게 이야기를 만들어 갈까를 생각해 보세요. 그 다음 모범 예문을 읽어 보고 자신이 생각한 것과 비교해 보기 바랍니다.

예문

아기

4학년 이은경

"윗집 아기를 잘 돌봐 줬다고 아줌마가 칭찬해 줬어."
내 동생이 그런 자랑을 했다. 그래서 나는 화가 났다.
"그 못난이가 뭐가 예쁘다고 돌봐 주냐?"
너무 못마땅해서 정말 동생을 때려 주고 싶었다.
"우리 아기가 더 예뻐!"
나는 그렇게 화풀이를 했다. 그래도 동생은 우리 집 아기도 예쁘지만 윗집 아기도 예쁘다고 우겼다.
나는 이상하게 우리 집 아기보다 다른 집 아기가 더 예쁘면 그 애를 때려 주고 싶어진다. 그리고 우리 아기보다 더 예쁜 아기는 없다고 생각해 버린다.
우리 집 아기를 데리고 나가면 아이들은 서로 예쁘다고 만져 본다. 나는 그 말이 듣기 좋아서 매일 아기를 유모차에 태우고 놀이터로 나간다. 아기를 안고서 그네를 탈 때도

있다. 그러면 아기는 너무 좋아한다.

우리 집에 친척이나 이웃집 아줌마들이 놀러 오실 때가 많다. 그러면 모두들 우리 아기가 참 예쁘다고 부러워하신다.

가끔 우리 아기를 괴롭히는 아이들도 있다. 그러면 나는 그 아이들을 당장 때려 준다. 하지만 나보다 훨씬 나이가 많거나 힘이 세면 때릴 수는 없으니 속만 상한다.

어제는 아기를 안고 나간 동생이 울면서 들어왔다. 누가 때렸다는 것이다.

"누가 때렸는데?"

나는 동생과 함께 놀이터로 나갔다. 동생은 나보다 나이가 많은 애를 가리켰다. 하는 수 없이 동생을 데리고 그냥 집으로 돌아와야 했다.

  싸운 것도 아니고 그냥 포기하고 와 버렸는데도 동생은 울기 시작했다.

  "왜 울어!"

  소리를 질렀지만 갑자기 동생이 불쌍해졌다. 아기 때문에 나한테 구박을 많이 받는다는 생각이 들었기 때문이다. 아기가 태어나기 전에는 동생을 떡 예뻐했었는데…….

  앞으로는 아기를 예뻐하는 것처럼 동생도 예뻐해야겠다는 생각을 많이 했다.

예 문

아버지

4학년 이천금

  저는 아버지가 좋습니다. 이 세상에서 둘도 없는 아버지라서 그러냐구요? 아닙니다. 아버지는 내게 많은 것을 보여 주셨기 때문이죠.

얼마 전의 일입니다. 이웃집 누나들이 연탄 가스로 위험하게 됐을 때, 아버지는 남보다 빨리 뛰어가 누나들을 병원으로 옮겼습니다. 그 때 아버지가 보여 준 모습은 참 자랑스러웠습니다.

그런 정의감만큼 아버지는 열심히 일하시고 우리들에게 올바른 생각을 품게 해 주십니다.

먼 훗날까지 가장 소중하게 남는 것은 지식이라고 말씀하시는 우리 아버지. 그러자면 책을 열심히 읽어야 한다고 하시지요.

아버지와 가끔 바둑을 둘 때가 있어요. 저는 아버지를 이기고 싶어서 억지도 쓰고 바둥거리는데 아버지는 허허, 웃으시며 의젓하게 바둑알을 잡으시지요.

어려운 산수, 사회, 자연에 모르는 문제가 있어도 척척 박사 아버지가 계셔서 걱정이 없습니다.

저는 무엇보다 아버지의 퇴근 시간이 즐겁습니다. 아버지의 기침 소리는 우리 집 대문을 들어서면 더욱 크게 들리지요.

> 저도 아버지처럼 험험, 기침 소리를 흉내내 봤지만 아버지처럼 멋있게는 되지 않았습니다.
>
> 아버지와 함께 민속촌에 갔을 때, 아버지는 그네와 널뛰기도 제일 잘 하셨습니다. 노래도 아주 잘 하십니다.
>
> 저는 무엇이든 멋지게 해 내시는 우리 아버지가 자랑스럽습니다. 또 식구들을 위해 열심히 사시는 아버지의 그 모습을 사랑합니다.

위의 글에서는 아버지를 글감으로 하여, 늘 믿음직스럽고 자랑스러운 아버지를 표현해 주었습니다.

2. 글의 틀 짜기

'무슨 글을 쓸 것인가'가 정해졌으면 '어떻게 잘 쓸 것인가'를 생각해야 합니다. 즉 틀을 짜야 합니다. 아무런 계획도 없이 무턱대고 글을 쓰면 글이 산만해지고 끝이 흐려집니다. 주제가 드러나지 않게 되는 것은 당연하겠죠.

"이제 더 쓸 게 없어요."

겨우 두어 장 써 놓고 그런 말을 한다면 그것은 틀을 짜지 않고 글을 썼기 때문입니다.

하나의 씨앗을 화분에 심을 때 맨 밑에는 굵은 돌을 깔아 주고, 그 위에는 조금 굵은 모래를 넣은 후 씨앗이 놓이는 부분에는 부드러운 거름흙을 덮어 주어야 예쁜 꽃이 피어나듯이 글을 쓰는 것도 처음부터 끝까지 튼튼하게 엮어져야 합니다.

특히 어린이 여러분처럼 글 쓰는 데 익숙하지 않은 경우에는 이러한 글의 틀 짜기를 착실하게 준비한 후 글을 쓰기 시작해야 합니다.

글의 짜임은 발단, 전개, 절정, 결말로 이어집니다.

발단은 이야기가 시작되는 부분으로, 하나의 사건이 발생합니다.

예 문

어머니와 사과 두 개

3학년 정은선

시계가 일어나라고 난리입니다. 아침에는 정말 일어나기 싫습니다. 나는 시계를 누르고 다시 잤습니다.

"은선아! 빨리 일어나!"

엄마는 나를 흔들어 깨우십니다. 창문을 활짝 열어 놓고 이불을 끌어당깁니다.

"엄마, 5분만 더 잘게요."

"안 돼! 늦었단 말이야."

엄마는 나를 억지로 일어나게 하고 부엌으로 나가셨습니다. 엄마가 나가고 나니 졸음이 마구 쏟아졌습니다. 나는 다시 푹 쓰러졌습니다.

"은선아, 7시 30분이다. 빨리 일어나."

다시 엄마 목소리가 나를 깨웠습니다.

7시 30분? 그 말을 듣는 순간 깜짝 놀랐습니다. 오늘은 일찍 학교에 가야 하기 때문입니다.

"엄마 왜 안 깨웠어. 나 지각이란 말이야."

엄마한테 화를 내고 말았습니다. 어제도 지각했는데 오늘도 지각하면 청소를 해야 합니다.

"아까 깨웠는데 안 일어났잖아."

화가 나셨는지 엄마는 소리를 지르셨습니다.

전개는 흥미있는 이야기로 진행되어 나갑니다.

대충 세수를 하고 옷을 입었습니다. 주섬주섬 스웨터를 입었습니다. 옆에서 날 바라보고 있던 동생이 마구 웃었습니다.

"언니, 옷 거꾸로 입었어. 히히히."

"정말이네."

나도 웃음이 나왔습니다. 정신없이 옷을 입다 보니 거꾸로 입은 것이었습니다. 만약 동생이 알려 주지 않았으면 그냥 입고 학교에 갈 뻔했습니다.

식탁에 앉았습니다. 내가 좋아하는 반찬은 하나도 없었습

니다.

"매일 맛 없는 반찬만 먹고. 나 밥 안 먹을 거야."

짜증을 내고 일어나 방으로 들어갔습니다. 엄마께서는 회초리를 들고 쫓아오셨습니다.

"아침마다 이렇게 투정만 부릴 거야! 얼른 밥 먹고 가."

"알았어요."

나는 볼멘소리로 대답하고 식탁으로 갔습니다. 맨밥만 먹다가 얼른 일어나 뛰어 나왔습니다. 회초리를 드시는 엄마가 미웠습니다. 그래서 울음이 터졌습니다.

"은선아!"

엄마가 불렀지만 울면서 학교로 뛰어갔습니다.

절정은 이야기의 가장 중요한 부분인데, 글쓴이가 무엇을 말하려 하는지 나타나야 합니다.

간신히 지각은 하지 않았습니다. 그러나 도시락을 빼 놓고 왔다는 것을 점심 시간이 다 되어서야 알게 되었습니다.

꼬르륵.

아침에 밥을 잘 먹지 않아서 뱃속에서 소리가 납니다. 누가 들을까 봐 창피해서 복도로 나왔습니다. 신발을 갈아 신고 운동장으로 나가려고 하는데 누가 내 이름을 불렀습니다. 엄마였습니다.

"은선아, 도시락 두고 가면 어떡하니? 아침도 제대로 먹지 않았는데."

엄마는 도시락을 건네 주셨습니다. 그리고 사과 두 개를 주셨습니다.

"엄마, 아침에는 죄송했어요."

"그래. 내일부터는 일찍 일어나고 엄마한테 짜증 부리지 마. 이 사과는 친구랑 나눠 먹어. 너 입맛 없다고 해서 갖고 왔어."

"네."

괜히 눈물이 나오려고 했습니다. 엄마는 얼른 들어가서 도시락 먹으라며 제 등을 미셨습니다.

결말은 이야기를 끝맺는 부분입니다.

> 나는 교실로 들어가 엄마가 주신 사과 한 개를 짝에게 주었습니다. 도시락을 먹기 전에 사과를 와작 씹어 먹었습니다. 사과는 달았습니다.
> 그런데 이상하게도 마치 매운 반찬을 먹은 것처럼 눈물이 핑 돌았습니다.

다음 예문을 보고 여러분들이 직접 발단, 전개, 절정, 결말을 나누어 보세요. 그리고 전체적으로 글의 짜임이 어떻게 이루어졌는지 살펴보세요.

예문

우리는 친구

3학년 전병구

주말에는 병진이와 함께 수영장에 가요. 내 친구 병진이는 수영을 매우 잘 해요. 저는 수영을 하나도 못해요.

"병진아, 나 수영 가르쳐 줄래?"

착한 병진이는 선뜻 허락을 했어요. 참 고마운 친구죠.

"그래. 내가 수영을 가르쳐 줄게. 대신 나 자전거 가르쳐 줄래?"

"응, 내일 자전거 타러 가자."

우리는 약속을 했어요. 저는 병진이를 따라 물 속으로 들어갔어요. 병진이는 멋지게 시범을 보여 주었어요. 자유형으로 저 끝까지 한 번도 쉬지 않고 갔어요. 수영을 잘 하는 병진이가 무척 부러웠어요.

병진이는 저에게 물장구 치는 법을 가르쳐 주었어요. 힘이 들고 무서웠어요. 하지만 병진이가 옆에서 지켜봐 주어 용기를 가질 수 있었어요.

"병구야, 잘 한다. 조금만 연습하면 나보다 더 잘 할 수 있을 거야."

병진이는 저를 칭찬해 주었어요. 그래서 더 기운이 났습니다.

한참 수영을 하다 보니까 배가 고파졌어요. 우리는 매점에 가서 라면을 사 먹었어요. 힘든 수영을 해서인지 너무

맛있었어요. 라면을 먹고 준비 운동을 하고 다시 물 속에 들어갔어요.

"야, 뭐야? 비켜."

병진이가 수영을 하다가 형들이랑 부딪쳤어요. 형들은 막 화를 냈어요.

"미안해요."

"미안하다면 다야? 이 자식이!"

무섭게 생긴 형이 주먹을 들어 병진이 머리에 꿀밤을 먹이려고 했어요. 옆에 있던 저는 소리를 질렀어요.

"내 친구 때리지 말아요!"

무섭게 생긴 형은 주먹을 내리고 저를 바라봤어요.

"넌 뭐야? 조그마한 게."

이번에는 저를 향해 주먹이 날아왔답니다.

"너희들 뭐야? 다 큰 녀석이 애들을 왜 때려?"

수영하고 있던 아저씨가 형들을 혼내 주셨어요. 형들은 아무 말도 못 하고 저 쪽으로 가 버렸습니다.

"아저씨, 감사합니다."

우리는 아저씨께 인사를 하고 물 속에서 나왔어요. 그 형들이 또 올까 봐 우리들은 집으로 돌아와 버렸습니다.

"병진아, 아까 정말 고마웠어."

"뭘, 우리는 친구잖아."

내일은 병진이와 자전거를 타기로 했어요. 우리들의 우정은 계속 될 거예요.

예문

사랑의 편지

3학년 김승원

"승원아, 떡볶이 먹고 가자."

친구가 떡볶이 집 앞에서 나를 붙들었다.

"집에 가야 돼. 엄마가 기다리고 계시거든."

"300원어치만 사 먹고 가자."

"정말 안 돼. 미안해. 내일 보자."

나는 얼른 집으로 뛰어갔다. 엄마가 집에서 날 기다리고 계시기 때문이다.

나는 엄마와 같이 있는 게 제일 좋다.

딩동 딩동.

초인종을 누르고 기다렸다. 그런데 아무런 대답이 없었다.

"어, 이상하다. 아무도 없나?"

다시 한 번 초인종을 눌러 보았다. 역시 대답이 없었다.

항상 가지고 다니는 열쇠를 꺼내 현관 문을 열었다.

"엄마, 저 왔어요."

현관을 들어서자마자 가방을 던지며 엄마를 불렀다. 그러나 아무 소리도 들리지 않았다. 안방 문과 욕실 문을 차례로 열어 보았지만 계시지 않았다.

"엄마는 나랑 약속도 안 지켜."

입이 쑥 나왔다. 도대체 어딜 가신 걸까?

거실에 앉아서 TV를 틀었다. 혼자 있는 게 점점 무서워졌다. 텔레비전 소리를 크게 했더니 덜 무서웠다.

뻐꾹 뻐꾹 뻐꾹 뻐꾹 뻐꾹 뻐꾹 뻐꾹.

7시를 알리는 뻐꾸기가 울었다.

엄마는 아직도 오시지 않으신다. 여름방학 때 시골집에서 들었던 귀신 이야기가 떠올랐다. 혼자 있는 애들만 잡아 간다는 귀신 이야기였다.

공부방에 들어가는 것도 무서웠다. 거실에 앉아서 숙제를 하기로 마음먹었다. 산수 문제를 푸는데 너무 어려웠다. 참고서를 보고 해야 했다. 하지만 참고서를 보려면 공부방에 가야 한다. 공부방에 혼자 들어간다는 것은 정말 무서웠다.

또 얼마 전 친구한테 들은 책상 귀신 이야기가 떠올랐다.

"어휴, 어떻게 가지고 오지? 숙제는 해야 하는데."

한참 고민을 하고 있었다. 결국 뛰어 들어가 참고서만 가지고 나오기로 마음먹었다. 심호흡을 하고서 후닥닥 뛰어 들어갔다.

그런데 책상에 쪽지가 놓여 있었다. 나는 재빨리 쪽지를 들고 거실로 나왔다.

사랑하는 승원이에게.

승원아, 미안하다. 오늘 너와의 약속을 지키고 싶었는데 갑자기 일이 생겼어. 정말 미안해. 늦지 않도록 할게. 엄마가.

엄마에 대한 미운 마음이 사라져 버렸다. 쪽지를 발견하지 못하고 혼자 끙끙거렸던 내가 어리석게 느껴졌다.

"엄마가 오시기 전에 청소해야지."

욕실에 있는 걸레를 들고 안방 바닥을 닦았다.

"빨리 청소해서 엄마한테 칭찬 들어야지."

나는 서둘러 청소를 했다.

딩동 딩동.

"누구세요?"

"엄마다."

반가운 목소리가 들렸다. 하던 걸레질을 멈추고 현관으로 나갔다.

"승원이 혼자서 심심했지? 엄마가 쓴 쪽지는 본 거야?"

"네, 엄마."

나는 씩씩하게 대답했다. 내 손에 있는 걸레를 본 엄마가 말씀하셨다.

"걸레는 뭐 하려구?"

"사실 엄마 오시기 전에 청소 다 하려고 했는데."

내 말을 들은 엄마는 나를 꼭 안아 주셨다.

"승원이 다 컸네. 엄마 힘들다고 청소도 하구."

엄마는 기특하다는 듯이 내 등을 두들겨 주셨다. 정말 하루 만에 내가 많이 어른이 된 기분이었다.

예문

레온이 아파요

3학년 김혜솔

달그락, 달그락.

베란다에서 이상한 소리가 났다. 나는 살금살금 다가갔다. 조심스레 베란다 문을 열고 보았지만 아무 것도 없었다.

"너희가 그런 거니?"

베란다 구석에서 살고 있는 햄스터 가족에게 물었다. 우리 집에는 아빠 햄스터 레온과 엄마 햄스터 세라까지 세 식구가 있다. 레온과 세라는 사이가 좋다. 서로 코를 맞대고 냄새를 맡기도 하고 싸우지도 않는다. 앉아서 햄스터 가족을 바라보았다. 그 때 레온이 갑자기 빙그르르 돌면서 뒹구는 것이었다.

"엄마! 엄마! 레온이 이상해요."

이런 행동을 하는 것은 처음이었다.

"무슨 일인데 왜 이렇게 호들갑이니?"

"레온이 이상해요. 안 하던 행동을 해요. 막 뒹굴어요."

내 말을 들은 엄마는 레온을 자세히 살펴보셨다.

"괜찮은데."

"어, 아까는 정말 이상한 행동을 했는데."

엄마는 거실로 들어가셨다. 나는 내 눈이 의심스러웠다. 가만히 앉아서 다시 살펴보았다. 그랬더니 레온은 조금 전에 했던 대로 다시 뒹굴었다.

"어, 또 그러네."

엄마한테 말해도 믿어 주실 것 같지 않았다.

"혹시, 어디 아픈 건 아닐까?"

걱정이 되어 동물 병원에 전화를 했다.

"저 의사 선생님, 우리 집 햄스터가 이상한 행동을 하는데 혹시 아파서 그런 건 아닌가요?"

"아직까지 햄스터 질병에 대한 연구가 되어 있지 않아 잘 모르겠구나."

의사 선생님께서 말씀하셨다. 의사 선생님 말씀을 듣고 시무룩해졌다. 나는 아빠가 들어오시기를 기다렸다. 아빠는 혹시 아실지도 모른다고 생각했기 때문이다.

딩동 딩동.

"아! 아빠다."

현관으로 뛰어가서 문을 열었다.

"아빠, 레온이 아픈가 봐요. 이상한 짓을 해요."

나는 오늘 있었던 일을 상세히 말씀드렸다. 아빠는 햄스터 가족이 있는 현관으로 가셨다.

햄스터 가족은 옹기종기 모여 있었다. 아빠와 나는 가만히 앉아서 관찰을 했다. 아빠가 레온을 꺼내 보려고 손을 넣었다. 그러자 레온은 아빠 손을 물려고 덤볐다.

"아빠, 레온이 물려고 해요. 조심하세요."

아빠도 깜짝 놀라셨는지 급히 손을 빼셨다. 갑자기 사나워진 레온이 미웠다. 옆에 있던 세라도 사나워진 레온이 낯선지 가만히 바라보고 있었다. 세라는 천천히 레온에게 다가갔다. 세라는 레온에게 주의라도 주듯이 콕콕 머리를 쪼았다. 세라 눈가에 눈물이 고여 있는 것만 같았다. 갑자기 변한 레온을 안타까운 마음으로 보고 있는 세라가 불쌍해 보였다.

"아빠, 레온이 왜 그러는 거죠?"

"원래 햄스터는 야생 동물이거든. 레온이 본능적으로 가지고 있던 야성이 나타난 것 같다. 세라가 옆에서 잘 돌봐 줄 테니 걱정 말아라."

아빠는 안방으로 들어가셨다. 그래도 나는 마음이 놓이지 않았다.

"세라야. 레온이 많이 아파. 네가 레온을 잘 보살펴 줘. 어제 친구들이 집에 와서 너희들을 너무 귀찮게 했지? 나도 다시는 귀찮게 하지 않을게."

세라가 내 말을 알아들었나 보다. 발을 들고서 내 얼굴을 맑은 눈으로 바라보고 있었다.

3. 글 머리 쓰기

무슨 글이든 시작이 중요합니다. 예쁜 글씨를 보면 얼굴이나 마음씨까지 예쁘겠다고 짐작되는 것처럼 좋은 글 머리를 보면 글을 끝까지 읽고 싶은 마음이 들게 해 줍니다. 아무리 좋은 글이라도 시작이 안 좋고 재미가 없다면 끝까지 읽히기가 어렵습니다.

글을 처음 시작하는 방법

첫째, 이야기가 벌어진 날의 시간이나 날짜, 또는 장소를 먼저 내세우는 경우

다음과 같이 시작하면 되는 거죠.

- 엊그제 토요일에 있었던 일입니다.

- 유치원 다닐 때의 일입니다.

- 어젯밤 잠을 자면서 꿈을 꾸었습니다.

다음 예문을 살펴보세요.

예문

우리 집 미남이

2학년 용희중

일요일에는 참 심심해요. 친구들을 만날 수 없거든요. 동생도 심심했나 봐요.

"오빠, 우리 미남이랑 공원에 가서 놀자."

동생이 졸랐어요. 우리는 미남이를 데려가기로 하였어요. 미남이는 우리 집 강아지예요. 엄마가 지어 주신 이름이지요.

"미남아, 우리랑 공원에 가서 놀자."

미남이도 제 말을 알아들었나 봐요. 꼬리를 살랑살랑 흔들며 즐거워했어요. 동생은 축구공을 들고 저는 미남이를 묶은 끈을 잡고 공원으로 향했어요.

"미남아, 이리로 가져와."

우리는 미남이를 향해서 공을 굴렸어요. 미남이는 공을 졸졸 따라다닐 뿐 발로 차지 못했어요. 동생은 그런 미남이가 답답하다며 소리를 마구 질렀어요. 몇 번 공을 던져 보

앉지만 미남이는 축구에 관심이 없었어요. 그래서 우리는 다른 놀이를 하기로 하였지요.

"달리기 시합하자."

동생이 그렇게 말했어요.

"준비 땅!"

동생과 저는 힘껏 달렸어요. 미남이도 저를 따라 달렸어요.

"오빠 같이 가."

동생이 제일 느렸어요. 동생은 아직 어려서 달리기를 잘 못 하거든요. 미남이가 일등이었습니다. 미남이는 공놀이는

> 못하지만 달리기는 아주 잘 했어요. 놀다 보니까 벌써 날이 어두워지고 있었어요. 우리는 다시 미남이를 앞세우고 집으로 돌아왔지요. 저는 미남이와 놀면 동생이 둘이나 있는 것 같아요.

둘째, 어떤 소리나 이야기로 시작하는 경우

- "콜록, 콜록."
  밤새 기침 소리가 들렸습니다. 동생이 몹시 아픕니다.

- "너 얼른 뛰어가서 파 한 단만 사올래?"
  텔레비전을 보고 있는데 어머니가 그렇게 말씀하셨습니다.

- "우르릉 꽝꽝!"
  아침부터 천둥 번개가 요란했습니다.

예문

눈 아이스크림

2학년 홍소정

"와, 눈이 오고 있어."

친구와 놀다가 창 밖을 보니 눈이 내리고 있었다. 창문을 열고 손으로 눈을 받았다. 차가운 눈이 손에 사르르 녹아 내렸다. 우리는 밖으로 뛰어 나갔다.

"우리 눈 많이 받아 먹기 할까?"

"내가 이길걸?"

친구는 자신있게 대답했다. 우리는 고개를 들고 입을 크게 벌려서 떨어지는 눈을 하나하나 받아 먹었다.

"내가 입이 더 크니까 더 많이 먹었지!"

친구는 입을 크게 벌리며 하늘을 쳐다보고 있었다.

"그럼 나는 아이스크림 위에 깨끗한 눈 뿌려서 먹을 거다."

집 안으로 달려가 냉동실에 있는 아이스크림을 꺼내 왔

다. 그리고 눈을 받은 뒤 아이스크림에 숟가락을 푹 찔러 넣었다. 그러자 숟가락이 닿는 곳의 눈이 사르르 녹았다. 수북히 떠서 입 안에 가득 넣었다.

"음 맛있다. 이렇게 맛있는 아이스크림은 처음이야."

차가워서 입이 덜덜 떨렸지만 꾹 참고 먹었다.

"소정아, 맛있어?"

"너무너무 맛있어."

추워서 더 이상 먹고 싶지 않았지만 친구에게 거짓말을 했다. 맛있는 척하면서 한 숟가락 떠서 입에 넣었다. 이번에는 정말 입 안이 차가워서 말을 제대로 할 수도 없었다. 맛있게 먹는 내 모습을 본 친구가 말했다.

"소정아, 나도 한 입만 줄래?"

나는 얼른 남은 아이스크림을 내밀었다. 친구도 나처럼 아이스크림에 눈을 받아서 입을 크게 벌리고 먹었다.

"맛있지?"

나는 추워서 덜덜 떨면서 물었다.

"응, 맛있어."

친구는 하나도 안 추운가 보았다. 나는 덜덜 떨리는데 그

애는 그 아이스크림을 다 먹도록 춥다는 말은 하지 않았다. 참 이상했다. 왜 친구는 뭐든 다 괜찮은지 모르겠다. 나는 추워도 친구는 안 춥다고 하고, 나는 힘들어도 친구는 안 힘들다고 한다.

셋째, 생각난 일이나 느꼈던 일을 먼저 쓰는 경우

🌢 길거리에서 어떤 할머니를 만났습니다. 문득 돌아가신 할머니가 떠올랐습니다.

🌢 우리 부모님은 왜 강아지를 싫어하실까. 나는 그게 늘 궁금했습니다.

다음 글을 읽어 보세요.

| 예 문 |

동생의 재롱잔치

2학년 이기영

건영이는 하나밖에 없는 동생이다. 그런데 형인 내 말을 잘 듣지 않는다. 어질러진 방을 치우려고 건영이를 불렀다.
"건영아, 방 치우자."
내가 이렇게 말을 하면 건영이는 언제 도망갔는지 벌써 현관에서 신발을 신고 있다.

"싫어, 형이 해!"

이렇게 말하고 도망가 버린다. 어쩔 수 없이 혼자 방을 치우면 화가 나지만 엄마가 동생을 때리면 안 된다고 하셔서 꾹 참았다.

방을 다 치우고 숙제를 하고 있는데 동생이 들어왔다.

"형, 내일 유치원에서 재롱 잔치 하거든. 형도 올 거지?"

"싫어, 나 안 가!"

사실 동생이 무대에서 춤추고 노래하는 모습이 보고 싶었지만 얄미워서 안 간다고 고집을 부렸다.

다음날 건영이는 재롱 잔치 준비로 아침 일찍 일어났다.

"형, 정말 안 올 거야?"

"그래, 안 간다. 왜?"

건영이의 얼굴이 금세 시무룩해졌다. 건영이는 더 이상 아무 말도 하지 않고 유치원으로 갔다.

"기영아, 동생 재롱 잔치에 같이 가자. 왜 심술을 부리니?"

엄마가 말씀하셨다. 엄마 말씀을 듣고 곰곰이 생각해 보았다. 얄미운 동생이지만 형이라고 부르면서 잘 따르는 얼굴이 떠올랐다.

"알았어요. 엄마, 같이 가요."

결국 엄마와 함께 유치원으로 향하였다. 아이들의 재롱 잔치를 보기 위해서 사람들이 많이 와 있었다.

다른 아이들의 합주가 끝나고 건영이가 할 차례가 되었다. 건영이가 무대에 나타났다.

"엄마, 건영이가 나왔어요."

> 나는 힘차게 박수를 쳤다. 그 때 건영이가 나를 바라보았다. 나는 손을 흔들어 주었다. 건영이는 집에서 연습한 것보다 더 잘 하였다. 다른 아이들도 잘 하였지만 건영이가 제일 나았다. 가끔씩 말썽을 부리는 동생이지만 나는 정말 내 동생이 좋다.

넷째, 보았던 일, 느꼈던 일, 행동으로 옮겼던 일을 먼저 쓰는 경우

- 요즘 저에게 아주 슬픈 일이 생겼습니다. 친하게 지낸 민석이가 전학을 간 것입니다.

- 선생님 심부름으로 화원에 갔습니다. 화원 안에는 꽃과 나무들이 굉장히 많았습니다. 마치 봄 소식을 알리는 것처럼 말입니다.

예 문

시골

3학년 박영찬

방학이라서 시골 큰집에 놀러 갔다. 집에 있으면 학원 가느라 바쁠 텐데 시골에 가니까 놀기만 해도 되었다. 아침이 되면 조카와 나는 오늘은 무엇을 하고 놀까 그 궁리부터 하였다. 놀이 중에서도 냇가에 나가 스케이트 타기는 너무 재미있었다.

우리는 다른 애들과 함께 신나게 스케이트를 탔다. 그런데 스케이트에 얼음이 들어가서 발이 젖었다. 발이 시려워서 더 탈 수가 없어서 다시 냇가 쪽으로 걸어 올라왔다. 어디 넓은 데가 없을까 찾아 보았더니 냇가 끝 쪽에 아주 큰 공간이 있었다. 우리는 거기서 계속 스케이트를 탔다. 넘어지기도 했지만 아프지는 않았다. 그렇지만 엉덩이도 젖고 양말도 다 젖어 버렸다.

집으로 돌아와 옷을 갈아 입고 다시 나갔다. 집에 있을 때는 밖에 나가 보아도 놀 게 별로 없었는데 시골은 아니었다. 전부 놀 것밖에 없었다.

한참 놀고 있는데 방해꾼이 나타났다. 일주와 건주가 와서 같이 놀아 달라고 조르는 것이었다. 할 수 없이 놀아 주었다. 일주와 건주는 우리보다 어려서 스케이트를 못 탔다. 그냥 우리가 손을 잡고 태워 줄 수밖에 없었다. 우리까지 재미가 없어졌다. 그래서 나는 조카와 귓속말을 주고받았다.

"우리, 몰래 도망치자."

우리는 일주와 건주에게 잠깐 화장실에 간다고 하고 도망을 쳤다.

"야, 해방이다!"

조카가 소리쳤다.

"야호!"

나도 만세를 불렀다.

그러나 소용이 없었다. 그 애들이 다시 우리를 찾아 낸 것이다.

"얼른 밥 먹으래."

그 애들이 소리쳤다. 그러고 보니 배가 고팠다. 우리는 얼른 집으로 뛰어가 밥을 먹었다. 배가 고파서 빨리 먹은 것은 아니다. 일주와 건주를 떼어 놓고 도망치려면 다른 방법이 없었다. 우리는 살금살금 대문을 빠져 나와 밖으로 뛰었다. 밥을 많이 먹어서 그런지 몸이 둔했다. 하지만 밥을 많이 먹어서 그런 것만은 아니었다.

시골에 오니까 밥맛도 좋고, 뭐든 맛있었다. 그리고 금방 배가 고팠다. 집에 있을 때는 밥도 조금밖에 안 먹었는데 시골에서는 한 공기 다 먹고 더 먹어도 또 먹고 싶었다.

나는 시골에 큰집이 있다는 것이 너무도 좋다. 여름 방학에도 올 수 있고, 겨울 방학에도 올 수 있다. 가능하다면 우리 식구 모두 시골에 내려와서 살면 좋겠다는 생각을 참 많이 했다.

지난 여름 생각이 났다. 여름에 왔을 때는 잠자리가 많았다. 나는 친구들에게 주기 위해 잠자리 몇 마리를 잡아 갔다. 그리고 친구들 앞에서 잠자리를 날려 보내 주었다. 이번 겨울 방학 선물로는 무엇을 갖다 줄까? 지금 생각에는 눈사람이나 얼음을 갖다 주고 싶은데 가다가 다 녹아 버리겠지?

다섯째, 처음부터 설명으로 시작하는 경우

- 우리 아버지는 연세가 많으십니다. 저를 늦게 낳으셨거든요.

- 학교 앞 사거리에는 굉장히 많은 자동차들이 씽씽 달립니다.

🐳 우리 친구들은 아주 괴짜들입니다. 키가 커서 롱다리, 키가 작아서 숏다리, 뚱뚱해서 저팔계, 잘 못 들어서 사오정 등 아주 다양합니다.

예문

방송국 출연

3학년 박안나

나도 연예인이 되고 싶다는 꿈을 안고 방송국으로 향했다. 나를 포함해 다섯 명이 더 있었다. 아 참, 엄마 두 분과 아빠 한 분, 선생님도 계셨다. 학원에서 동화책을 냈는데 그 중 몇 명이 뽑혀 방송 출연을 하게 되어 있었던 것이다.

KBS. 우리 나라의 가장 큰 방송국답게 어마어마한 건물이 우리를 맞았다. 한참을 걸어서야 입구에 도착할 수 있었다. 그런데 출입 절차가 여간 복잡한 게 아니었다.

"여긴 우리 나라의 가장 중요한 심장부라고 해도 과언이 아니야. 그러니까 감시를 철저히 하는 거야."

엄마가 말씀해 주셨다. 어른들이 주민등록증을 맡기고 이것저것 쓰고 나니까 출입증을 주었다. 엘리베이터를 타고 위로 올라갔다.

방송실로 들어가는 것도 까다로웠다. 경비원 아저씨가 버티고 앉아서 어떻게 왔느냐고 꼬치꼬치 묻고서 들여보내 주었다. 방송실에 들어가 보니 생각보다는 작았다. 어떤 아나운서 아저씨와 아줌마가 생방송을 진행하는 중이었다.

"네, 얼마나 재밌겠어요?"

"그러게 말입니다. 생각만 해도 신나죠?"

두 분은 서로 얼굴을 쳐다보며 즐겁게 방송을 진행하고 있었다. 신기해서 그 모습을 정신없이 바라보았다.

방송 작가 아줌마의 도움으로 여러 번 연습을 했지만 모두 교과서를 읽는 것처럼 어설펐다. 정말 큰일이었다. 다른 때는 수다도 잘 떠는데 막상 방송을 하려니까 아무리 말하듯이 편하게 하려고 해도 잘 되질 않았다.

하지만 막상 방송실로 들어갔을 때는 이야기가 달랐다. 연습할 때는 모두 얼어 있던 표정들이 아저씨 아줌마의 친근한 모습 앞에서 다시 수다쟁이로 변해 있었다. 우리 앞에는 마이크가 하나씩 놓여 있었다. 아저씨가 우리를 향해 인사를 하셨다.

"안녕하세요!"

우리는 합창을 하듯이 대답했다. 그리고 학교 소개와 동화책을 내게 된 까닭은 내가 설명해 드렸다. 당황스러웠지만 차분하게 대답했더니 차츰 나아졌다.

"안나 어린이가 쓴 동화 제목이 뭐죠?"

"네, 〈아기 천사 루루와 루나〉, 그리고 하나는 〈엄마 사랑해요〉입니다."

또박또박 크게 말하였다. 유리를 통해 보이는 어른들의 표정이 조금 풀린 걸 알 수 있었다. 선생님은 불안했는지 보이지 않았다.

"그럼 그 동화의 내용을 말해 줄래요?"

이번에는 아줌마가 물었다. 나는 그 동화를 쓰게 된 동기와 내용을 차분하게 설명했다.

비가 오는 날 우산을 갖고 학교에 오지 않은 엄마 때문에 속상해서 〈엄마 사랑해요〉라는 동화를 썼다고 하자 두 분은

잠깐 웃으셨다.

나 말고 다른 친구, 언니들에게도 똑같은 질문을 하셨다. 모두 잘 했다.

무사히 방송이 끝났다. 참 긴 시간을 마이크 앞에 앉아 있었던 것 같았다.

신나는 일은 또 있었다. 출연료가 나온 것이다. PD 선생님께서 봉투를 하나씩 주시고는 사인을 하라고 하셨다. 만 칠천 사백 원. 처음으로 내가 일해서 벌어 본 돈이었다. 아빠 구두를 닦거나 심부름을 해서 번 돈과는 느낌이 엄청 달랐다. 우리는 PD 선생님을 붙잡고 다음에 또 방송 출연을 하게 해 달라고 졸랐다.

"그래, 또 그럴 기회가 있으면 해 보자."

"야, 신난다!"

우리는 그 곳이 방송국 안이라는 것도 잊고 팔짝팔짝 뛰며 좋아했다. 내 목소리도 방방곡곡에 알리고, 출연료도 받고. 내게는 정말 새로운 경험이었다.

4. 본문 쓰기

본문은 처음에 짠 틀에 맞춰 쓰면 됩니다. 하지만 무조건 틀에 맞춰 쓰는 것보다 몇 가지 요령을 알고 쓰면 더 좋은 글이 될 것입니다.

첫째, 자신이 경험한 일을 씁니다

백 번 말을 들은 것보다 한 번 직접 경험한 것이 더 생동감이 있습니다.

또한 다른 사람도 다 알고 있고 이미 다 써먹은 얘기를 글로 옮긴다면 좋은 글이 될 수 없습니다. 남과 다른 생각, 경험, 느낌 등 나만이 말할 수 있는 글을 쓴다면 돋보이는 글이 될 것입니다.

예문

내 별명

6학년 김은진

흰 털, 빨간 눈, 큰 귀를 가진 동물이 뭐냐고 물으면 누구나 쉽게 '토끼'라고 대답할 것이다.

토끼. 그건 바로 내 별명이다. 눈도 빨갛고 귀도 쫑긋한 귀를 가진 토끼 말이다. 듣기에는 귀여운 동물이라고 생각될 수도 있다. 하지만 그 동물이 내 별명이 되어 놀림을 받게 되면 그게 아니다. 기분이 몹시 언짢아진다.

얼마 전 있었던 일은 아직도 또렷하게 기억난다. 몹시 추운 날이었고, 아이들은 두꺼운 점퍼를 걸치고 학교에 왔다. 하지만 나는 입던 그대로 얇은 차림이었다. 당연히 재채기가 나오고 기침이 쏟아졌다. 몸에서 열까지 났다.

그 때 나와 가장 친한 친구 중임이가 나를 불렀다.

"이거 입고 있어."

그 애는 점퍼를 벗어 나한테 입혀 주었다. 그 애의 마음

이 나를 훨씬 따뜻하게 해 주었다.

"야, 토끼하고 홍당무하고 다정하게 있네."

아이들이 우리를 놀렸다. 중임이의 별명이 홍당무이고 내 별명이 토끼였기 때문이다.

그 기분은 뭐라고 해야 할지 지금도 모르겠다.

집으로 돌아가서 엄마한테 괜히 화풀이를 했다.

"엄마, 제 얼굴은 왜 토끼같이 생겼어요?"

엄마는 빙그레 웃기만 하셨다. 위로받고 싶었는데 아무 말씀도 안 하셔서 나 혼자 방으로 들어가 내 얼굴을 거울에 비춰 보았다. 동그란 눈, 오똑한 코, 빨간 입술. 내가 봐도

이쁜 얼굴이었다. 그래서 생각했다. 만약에 내가 계속 토끼라는 별명을 듣고 화를 내면 그건 나 자신이 토끼라는 것을 스스로 인정하는 거라고.

간혹 어른들의 이름에서 굉장히 우스운 것을 발견할 때가 있다. 심지어 '벌레'라는 이름을 가진 분도 계시다. 아마 그분은 내 나이 때에 벌레라는 별명으로 고생하셨을 것이다. 하지만 그게 뭐 어떤가. 지금 그 아저씨는 자신의 꿈을 이루었고 열심히 일하며 사람들의 존경을 받고 계신다.

아마 내가 꿈꾸고 바라던 대로 어른이 되면 별명 따위는 아무 것도 아닌 것이 될 것이다.

예 문

교회

6학년 최성환

우리 집안은 예전부터 불교를 믿었다. 하지만 집안이 불

교를 믿는다고 나 역시 절에만 다닐 수는 없는 노릇이었다.

친구의 설득으로 성당에 간 적이 있었다. 성당이라는 데는 처음 가 보는 곳이라 낯설기만 했다. 재미도 없었다. 그리고는 그 후 다시는 성당에 간 기억이 없다.

얼마 전 토요일 오후라 한가했다. 거기다 시험도 끝난 뒤라서 편안하게 텔레비전을 보고 있었다. 그런데 어머니께서 날 부르셨다.

"네 친구들 왔다."

찾아올 만한 친구가 언뜻 생각나지 않아 고개를 갸우뚱거리며 밖으로 나가 보았다. 현관에는 뜻밖에도 학교 친구들이 와 있었다.

"우리 교회 가자."

막무가내로 나를 끌어 낸 친구들은 내 대답은 듣지도 않고 어디론가 데리고 갔다. 아주 예전에 딱 한 번 교회를 간 것이 전부라서 교회 가자는 그 애들 말이 반갑지가 않았다. 하지만 날 잡아 끄는 그 애들을 물리칠 수는 없었다. 이상한 점은 학교에서 까불기로 소문난 녀석들이 웬 교회냐, 하는 것이었다.

목적지인 교회는 생각보다 멀었다. 친구들과 잡담을 나누면서 간 곳은 사층 건물 앞이었다. 교회 간판이 그 건물 이 층에 커다랗게 매달려 있었다.

교회로 들어선 난 곧 실망하고 말았다. 교회라면 크고 으리으리하면서 멋있을 줄 알았는데……. 하지만 아주 조그맣고 결코 으리으리하지 않은데다가 한쪽 구석에는 자취방까지 있었다. 교회라기보다는 조그만 교실로 착각할 정도였다.

예배가 시작되기까지는 많은 시간을 보내야 했다. 기다리는 동안 난 머릿속으로 검게 빛나는 옷을 쫙 걸쳐 입고 나올 목사님을 생각했다.

그렇지만 막상 나타난 사람은 검은 옷은커녕 청바지에 남방을 입은 아저씨였다. 산뜻해 보이기는 했지만 도저히 목사라는 기분은 들지 않았다. 교회 건물에 이미 실망한 난 목사님을 보고 더욱 실망하고 말았다.

> 하지만 그 실망감은 곧 지워졌다. 예배를 드리는 동안 교회라는 곳이 꼭 으리으리해야 한다는 규칙은 없는 거라는 생각을 하게 되었다. 또한 무뚝뚝한 목사보다 친밀감이 느껴지는 목사님이 더 편하기도 편했다.
> 　시간에 쫓겨 설교를 끝까지 들을 수가 없었다. 하지만 다시 와야겠다는 생각을 하며 낡고 조그만 건물을 나섰다.

둘째, 특정한 사건 중심으로 글을 씁니다

　어떤 글이든 재미가 있어야 합니다. 그러자면 사건을 중심으로 해야 흥미롭습니다. 만약 처음부터 끝까지 지루한 이야기만 전개한다면 그것은 결코 좋은 글이 될 수 없습니다. 명작을 읽으면서 그 주인공이 된 기분이 드는 것도 바로 사건이 흥미롭게 전개되기 때문입니다.

　이처럼 생활문은 사건을 중심으로 전개하면 재미있게 쓸 수 있습니다. 머릿속에 있는 일을 생동감 있게 떠올리면서 자신의 감정이나 느낌을 적다 보면 어느새 좋은 글로 완성되어 있을 것입니다.

예 문

재근이는 나만 괴롭혀

3학년 김영선

화장실에 갔다 오는 길이었다. 저쪽에서 재근이가 걸어오고 있었다. 아이들이 많이 다니고 있어 복도는 매우 혼잡했다. 피한다는 것이 아이들에게 밀려 재근이의 팔을 툭 치고 말았다.

"야, 왜 치고 다녀!"

재근이는 다짜고짜 소리부터 질렀다.

"미안해."

"미안하다고 하면 다야?"

재근이는 계속 화만 냈다.

"많이 아프니? 정말 미안해."

재근이가 그렇게까지 화낼 이유는 없다고 생각되었지만 내가 잘못했기 때문에 계속 사과를 했다.

"너, 일부러 그랬지? 나한테 시비 거는 거야?"

사과를 받아 주지도 않고 재근이는 계속 큰 소리로 말했다.

"미안하다니까. 정말 미안해."

그래도 계속 시비를 거는 재근이의 행동에 약이 올라서 나도 소리를 지르고 말았다.

"그래, 내가 쳤다. 그래서 미안하다고 했잖아."

"미안하다고 하면 다야?"

"그럼 나보고 어쩌라구. 더 이상 뭘 어떻게 해!"

"너 맞을래! 이 계란아."

재근이는 내가 듣기 싫어하는 별명까지 부르면서 시비를 걸었다.

"내가 왜 계란이냐? 너 자꾸 그러면 선생님한테 이를 거야."

순간 재근이의 커다란 발이 올라와 내 다리를 탁 쳤다.

"아얏!"

울지 않으려고 애를 썼지만 너무 아파서 울음이 나오고 말았다.

"아앙앙앙, 왜 때리는 거야, 니가 뭔데."

"뭐긴 뭐냐! 재근이지."

재근이는 약까지 올리면서 나를 쏘아보았다.

"내가 뭘 잘못했다고 때리는 거야?"

억울한 생각에 눈물이 계속 나왔다. 그 때 선생님께서 다가오셨다. 나는 눈물을 닦고 얼른 교실로 들어갔다.

"선생님, 영선이랑 재근이랑 싸웠대요."

진희가 선생님께 일렀다. 선생님께서는 우리들을 쳐다보며 말씀하셨다.

"영선이랑 재근이 복도에 나가 서 있어."

복도에는 나와 재근이만 남아 있게 되었다. 우리는 등을 돌리고 서 있었다. 재근이는 아직 화가 풀리지 않은 모양이었다. 입을 삐쭉 내밀고 있는 재근이의 모습은 꼭 뿔 난 돼지 같았다. 웃음을 참으려고 했지만 얼굴이 빨갛게 달아올라 있는 재근이의 모습이 그럴 수 없게 만들었다.

"킥킥."

"야, 왜 웃어!"

입을 가리고 웃음을 참고 있는 나를 본 재근이가 화난 목소리로 물었다. 그런데 그 모습까지도 웃겼다. 막 소리내어 웃었더니 재근이도 어이없어 하며 웃었다. 그러더니 이렇게 말했다.

"미안해. 아까는 다른 데서 화난 일이 있었거든."

재근이는 뜻밖에도 먼저 내게 사과를 했다.

"아냐. 나도 미안해."

우리는 서로 사과를 주고 받았다. 앞으로 다시는 싸우지 말자고 약속하고 있는데 선생님께서 들어와도 된다고 말씀하셨다. 우리는 활짝 웃으면서 교실로 들어갔다.

예 문

연극

4학년 김성은

어린이 회의 때 다음 주 회의 시간에 연극을 하기로 결정했다. 연극은 〈외다리 거위〉로 정했다.

우리들은 신나서 준비물을 챙기고 열심히 연습을 하였다. 나는 그 연극에서 요리사 역을 맡았다. 내가 준비해야 할 것은 주방장 모자와 콧수염, 망원경이었다.

선생님께서도 우리가 열심히 준비하는 모습을 보시며 기뻐하셨다.

일주일 후 연극이 시작되었다.

선생님께서는 책상을 밀어서 식탁으로 꾸며 주셨고 우리들은 직접 그린 배경 그림을 칠판에 붙였다. 그럴싸하게 무대가 꾸며졌다.

준비한 대로 연극은 진행되었다. 내가 나갈 차례였다.

"와하하하하."

내가 나가자 아이들은 갑자기 웃어 대기 시작했다. 내가 쓴 주방장 모자와 콧수염이 너무 웃긴 모양이었다. 한참 동안 아이들은 웃음 보따리를 터뜨렸다.

별라가 준비해 준 예쁜 앞치마를 입고, 은하가 만들어 준 통닭 구이를 들고 보니 진짜 주방장이 된 기분이었다. 선생님께서도 연달아 웃음을 터뜨리셨다.

은하는 주방장 옷을 입었고 효정이는 신하 수염을 달았으며 별라는 왕자 옷을 입었다. 해설을 맡은 사람은 나라였다.

해설이 끝나면 곧바로 나부터 등장하게 되어 있어서 가슴이 두근두근했다. 평소에는 떠드느라 정신이 없던 우리 반 애들이 너무 조용하게 나를 쳐다보았다. 정말 주눅이 들었다.

나는 행동과 표정을 섞어 가며 열심히 대사를 하였다. 다른 역을 맡은 아이들도 연습 때보다 더 잘 해 주었다.

연극은 성공이었다. 연극이 끝나자 아이들은 박수 갈채를 보내 주었다. 인사를 하는데 너무 기뻐서인지 얼굴이 화끈화끈 달아올랐다. 선생님께서도 힘껏 박수를 쳐 주셨다.

"정말 잘 했구나. 다음엔 남자 애들이 한 번 해 봐야겠다."

남자 애들은 좋다고 했다. 그래서 여자 애들이 분장과 의상을 맡기로 했다.

나는 이렇게 즐겁게 연극을 해 본 적이 없다. 처음이었다. 종종 이런 시간을 갖는다면 정말 좋겠다.

셋째, 거짓을 섞지 말고 가장 솔직하게 씁니다

아무리 완벽하게 거짓말을 했다고 해도 그 속에는 함정이 남아 있게 마련입니다. 가장 좋은 글은 숨기지 말고 솔직하게 쓰는 것입니다.

만일 집이 너무도 가난한데 부잣집인 것처럼 쓴다면 아무런 감동도 주지 못할 뿐만 아니라 거짓말이라는 것이 금방 들통납니다.

가난하지만 꿋꿋이 사는 모습을 진실되게 쓴다면 그 글은 참으로 좋은 글이 될 것입니다.

예 문

엄마 죄송해요

3학년 김정화

밥을 먹고 나서 물을 마시기 위해 냉장고 문을 열었다. 플라스틱으로 된 물통을 꺼내는데 너무 무거워서 떨어뜨리고 말았다.

플라스틱 물통 밑부분이 망가져서 물이 새기 시작했다. 너무 놀란 나머지 들고 있던 컵까지 쨍그랑 깨뜨렸다. 그 소리를 듣고 가장 먼저 달려온 사람은 엄마였다. 엄마께서는 꿀밤을 주시며 꾸중을 하셨다.

"왜 그렇게 조심성이 없니?"

나는 "아빠……" 하고 울음을 터뜨렸다. 아빠는 내 편을 들어 줄 거라고 믿은 것이다.

내 울음 소리를 들으셨는지 아빠도 나오셨다.

"으이구, 저 아까운 그릇. 정말 일만 저지른 다니까! 정화야, 뭘 꾸물거려? 빨리 걸레로 닦아!"

그렇게 믿었던 아빠까지 날 꾸중하셔서 더 울고 싶었다. 깨뜨리고 싶어서 그런 것도 아닌데……. 나도 속으로는 미안했는데…….

엄마 말씀대로 앞으론 조심해야겠다.

엄마! 죄송해요.

예문

존경하는 우리 부모님

5학년 김수영

우리 집은 부자가 아닙니다. 아버지는 공장에 나가시고, 어머니는 집에서 부업으로 인형을 만들거나 목걸이를 만듭니다. 그렇게 하루 종일 일을 해도 어머니가 한 달 버는 돈은 겨우 십만 원이 조금 넘습니다.

"그래도 놀면 그 돈이 들어오니?"

엄마는 늘 그렇게 말씀하십니다. 가끔은 지저분한 집이 너무 싫습니다. 또 다른 애들 엄마처럼 예쁘게 화장도 하고 좋은 옷도 입을 줄 모르는 어머니가 바보 같아 보이기도 합니다.

하지만 어머니가 왜 그렇게 힘든 일을 하는지 저는 잘 알고 있습니다. 아버지 봉급으로는 우리 형제를 잘 기를 수 없기 때문입니다. 다른 아이들처럼 검도 학원, 컴퓨터 학원은 다닐 수 없지만 그래도 아무 걱정 없이 학교에 다닐 수

있는 것도 모두 어머니의 희생 덕분입니다.

"이번 달 돈 받으면 네 신발하고 야구 장갑을 사 줄게."

어머니는 그렇게 약속을 하셨습니다. 한 달 꼬박 일한 봉급으로 겨우 내 신발 한 켤레 사고 야구 글러브 하나 사면 그만이라는 사실이 너무 슬펐습니다. 그러나 어머니는 그렇게 생각하지 않으십니다.

"나는 네가 열심히 공부하고 씩씩하게 노는 모습을 보면 너무 행복하단다. 엄마가 너한테 뭔가 해 줄 수 있다는 것이 얼마나 좋은데."

그렇게 말씀하시는 엄마를 보면 저절로 고개가 숙여집니다. 나는 부모님을 위해 무엇을 하고 있을까, 그런 생각 때문에 눈물이 나려고 합니다.

넷째, 자세하게 씁니다

글을 쓸 때 가장 중요한 자세는 읽는 사람에 대한 예의입니다. 자세하고 친절하게 쓰는 글은 상대방에 대한 예우가 되는 것입니다. 만약 무성의하고 함부로 글을 쓰게 된다면 그 글을 읽는 사람은 기분이 몹시 언짢을 것입니다. 또한 아무런 감동도 받을 수 없게 됩니다.

글을 자세하게 쓰려면 그 사건이 일어난 순간의 느낌, 주변의 모습, 대화, 마음 상태 등 여러 가지를 고려해야 합니다.

그렇게 자세하고 친절한 글을 쓴다면 원고의 양도 많아질 뿐 아니라 읽는 사람으로 하여금 생동감을 느낄 수 있게 할 것입니다.

"원고지에 더 쓸 말이 없어요."

얼마든지 쓸 내용이 많은데 그런 말을 하는 친구가 있다면 그것은 자세하고 친절하게 쓰지 않은 탓일 것입니다.

예문

괴짜들만 모인 우리 반

5학년 이휘원

우리 반 아이들은 괴짜가 많다. 하지만 하나같이 좋은 아이들이다.

촌중이라는 아이는 싸움 대장이다. 달리기도 무척 잘 한다. 그래서 선생님은 촌중이를 선생님 심부름꾼으로 부리고 있다. 촌중이가 싸움을 잘 한다고 해서 일부러 남을 괴롭히는 것은 아니다. 그래서 우리 반 아이들은 모두 그 애를 좋아한다.

지연이는 장난꾸러기이다. 우리 반에서 제일 장난을 잘 친다. 떠드는 사람은 무조건 추방당하는 아프리카 자리는 그 애가 가장 많이 차지한다. 그 곳은 아주 고약한 곳이다. 나도 가 봤지만 한 마디로 인간 취급 받을 생각을 아예 하지 말아야 한다. 아프리카로 추방당하면 우리들은 그 곳에서 벗어나기 위해 갑자기 얌전해져야 하고 공부도 열심히 해야만 한다. 지금도 그 곳에서 며칠간 있었던 일을 생각하면 머리가 지끈거린다.

조현창이라는 아이도 있다. 그 애 별명은 창자이다. 별명답게 먹는 것에 한해서 이기적인 면이 많은 아이이다. 한마디로 먹보다. 자기 것만 먹어 치우는 것이 아니라 남의 것이라도 먹는 것이라면 절대 물러서는 법이 없다.

박인국이라는 친구도 빼 놓을 수 없다. 그 애는 얼마나 욕심이 많은지 도대체 뭘 나눠 먹을 줄을 모른다. 내가 과자를 주면 얼른 받아 먹으면서도 자기가 과자를 가지고 오면 절대 주지 않는다. 게다가 몰래 먹기나 할 것이지 자랑

까지 하면서 혼자 먹어 대는 욕심꾸러기이다. 하지만 과자 문제만 빼면 아주 마음이 착한 친구다.

　마지막으로 한대희라는 친구를 소개해야겠다. 그 애는 아이들과 잘 어울리지 못하는 애다. 화를 무척 잘 내기 때문이다. 그래서 다른 아이들은 그 애와 어울리기를 싫어한다. 대희가 왜 그렇게 화를 잘 내는지 난 잘 이해할 수 없다. 겉으로 보기에는 다 괴짜 같지만 한 명 한 명 살펴보면 모두 괜찮은 친구들인데 말이다.

예 문

걸어서 가는 소풍

4학년 김병철

　소풍을 가기 전날 밤이면 잠이 잘 오지 않는다. 자려고 누워도 마음은 두근거리고 눈은 자꾸만 말똥거린다. 또 한 가지 걱정도 빠뜨릴 수 없다. 혹시 내일 비가 오는 것은 아닐까, 걱정하다가 잠이 들고는 한다.

그렇게 늦게 잠이 들었는데도 소풍 가는 날 아침이면 훨씬 일찍 눈을 뜨게 된다. 부엌에서는 어머니의 김밥 만드는 소리가 들리고 동생도 바쁘게 움직인다.

엄마가 세수하라는 말씀을 하기도 전에 후다닥 세수를 하고서 밖으로 나가 본다. 하늘을 보기 위해서였다. 다행히 비가 올 날씨는 아니었다.

신나게 집을 나서면 길에서 애들을 만난다. 그 애들은 떠나기도 전에 문방구로 들어가서 장난감을 사거나 가게에 들러 먹을 것을 산다. 굉장히 분주하다.

종이 울리면 운동장에 모인 우리는 교장 선생님 말씀을 듣는다. 선생님께서는 주의 사항을 몇 번이고 말씀하신 후에야 우리를 출발시킨다.

처음에는 선생님 말씀을 잘 듣겠다고 맹세하지만 조금만 학교를 벗어나도 애들은 벌써 제멋대로 행동하기 시작한다.

목적지까지 가는 길은 멀었다. 그 길을 따라 걷는 우리들의 모습이 꼭 개미떼 같다고 생각했다. 여자 애들은 도중에 예쁜 꽃을 보면 따다가 머리에 꽂기도 했다.

소풍을 가면서 가장 많이 느끼는 것은 '자연은 아름답다'라는 것이다. 다정한 자연의 모습이 우리를 편하게 해 준다.

목적지에 도착하면 우린 옹기종기 둘러앉아 김밥을 먹고 음료수를 마신다. 얘기도 하고 게임도 하고…….

그렇게 놀다 보면 어느 새 돌아갈 시간이 된다. 하지만 우리는 올 때와 달리 조금만 더 놀다 가자고 선생님을 조르는 것이다.

예 문

시골에서의 하루

6학년 최성재

'얏!'

순식간에 나뭇가지에 앉은 고추 잠자리를 잡았다. 내 손에 잡힌 잠자리는 날개만 파닥거릴 뿐이었다.

"또 잡았다. 또 잡았어!"

나는 소리를 질렀다. 그러나 아무도 내 말을 귀담아 주지 않아 이상해서 주위를 살펴보니 아무도 없었다. 이 곳은 너무도 한적한 시골이란 걸 잠시 잊고 있었다.

명절 때나 집안에 무슨 일이 생기면 내려오는 곳이 시골이지만 아버지나 즐거우시지 형과 난 여간 고역이 아니다.

다 쓰러져가는 낡은 집, 잠꾸러기 똥개, 검정 염소……. 이런 것 밖에 없다. 꼭 감옥 같은 느낌이 들기도 한다. 이번 추석에도 마찬가지였다.

"일어섯!"

나는 홧김에 똥개한테 명령을 했다. 그런데 아무리 소리를 질러도 멍청한 똥개는 나만 멀뚱멀뚱 쳐다보았다.

요게, 나는 돌 하나를 집어 힘껏 던졌다. 이마를 된통 얻어맞은 개가 벌떡 일어나 이빨을 드러내고 나를 쫓아왔다. 당황한 난 헐레벌떡 방앗간까지 뛰었다. 방앗간에 도착하니 다행히 개는 더 이상 날 쫓아오지 않았다.

집에 있었으면 얼마나 좋았을까, 이런 생각을 안 할 수가 없었다.

밤이 되었다. 여전히 아버지는 집으로 돌아갈 생각도 하지 않으시는 눈치였다. 텔레비전에서는 코미디를 열심히 해 대고 있었지만 하나도 재미 없었다.

밖으로 나와 달을 구경했다. 달은 정말 둥근 호떡같이 보였다. 화가 나니까 달 모양도 미워 보였다. 토끼 두 마리가 반죽된 밀가루를 절구로 찧어 저 모양으로 만들어 놓은 것 같았다.

그 때 그 똥개가 부엌으로 들어가는 것을 보았다.

나는 신발짝을 양쪽 손에 움켜 쥐었다. 그리고 개를 향해서 내던졌다. 깽깽, 똥개는 나 죽는다고 엄살을 피면서 제 집으로 도망을 쳤다. 난 큰 소리로 소리쳤다.

"요놈아, 아까 날 놀린 대가다."

방으로 들어갔지만 비좁은 방에 여섯 명이 앉아 있으려니까 정말 답답했다. 언제 가나. 따뜻하고 편안한 우리 집이 자꾸만 눈 앞에서 어른거렸다.

밤이 되니 화장실도 제대로 갈 수가 없었다. 풀벌레 소리는 또 왜 그렇게 시끄러운지 귀가 멍멍했다. 목도 말라왔다. 선뜻 나갈 용기를 못 내다가 에라, 하면서 문을 열고 나갔다. 그리고 어두운 부엌으로 들어가 물을 한 컵 마시고 나오는데 아버지 발짝 소리가 들려왔다.

"집에 가자."

얼마나 반가운 소리였는지, 나는 네! 소리치며 제일 먼저 차가 있는 쪽으로 뛰어갔다.

다섯째, 생생한 그림을 보여 주는 것처럼 씁니다

텔레비전이나 영화관에 가면 금방 화면 속으로 빨려 들어가게 됩니다. 그것은 화면이 보여 주는 생생한 현장감 때문입니다. 어린이들이 대체적으로 책을 읽는 것보다 텔레비전을 보는 것을 더 즐거워하는 까닭도 그 이유입니다.

글을 쓰면서 흡사 그림이나 텔레비전을 보여 주는 것처럼 그 순간 현장에 있었던 일을 상세하고 정확하게 나타내 준다면 좋은 글이 될 것입니다.

예문

별난 선생님 별난 아이들

5학년 이휘원

우리 선생님은 앞머리가 훤한 대머리 선생님이시다. 다른 반 아이들은 우리 선생님을 '빛나리 선생님'이라고 부른다. 그래서 그런지 우리 반은 유난히 빛이 난다. 공부도 열심히 하고 말썽도 이등 하라면 섭섭해 하는 반이다.

선생님은 아주 특이한 분이시다. 우선 유머 감각이 뛰어나시다. 예를 들어 다른 반 같으면 수업이 끝나고 '안녕히 계세요'나 '감사합니다'라고 인사하지만 우리 반은 아니다.

"참자!"

바로 이게 인사말이다.

우리 반에는 여러 나라가 있다. 자리마다 인도네시아, 아프리카, 소말리아, 독도, 무인도, 그런 식으로 정해져 있다.

말을 잘 듣거나 공부를 잘 하는 아이는 한국에 자리를 잡는다. 공부를 못하거나 말썽을 부린 아이는 아프리카로 추방이 된다.

요즘 나는 아프리카에 있다. 떠들다 걸렸기 때문이다. 아프리카로 쫓겨나면 사람 대접도 못 받는다. 그래서 그 곳에서 해방되기 위해 요즘 내 태도가 많이 좋아졌다.

선생님은 우리를 때릴 때도 특이한 매를 사용하신다. 바

로 주걱이다. 주걱은 세 개가 있는데 악마 주걱, 놀부 주걱, 또 하나는 보약 주걱이다.

복도에서 뛰거나 장난치다 걸리면 악마 주걱, 싸우다가 걸리면 놀부 주걱, 공부를 하기 싫어 꾀를 부리다가 걸리면 보약 주걱으로 맞는다. 물론 어떤 매이든 아프기는 마찬가지이다. 하지만 맞으면서도 기분은 좋다.

나는 우리 반처럼 별난 반이 많이 있었으면 좋겠다. 또 내년에도 우리 선생님께서 담임을 맡아 주셨으면 좋겠다.

별난 선생님, 별난 아이들. 나는 우리 반이 그래서 좋다.

예문

고아원을 다녀온 일

6학년 정재훈

저번 주 토요일. 우리는 서둘러 집을 나섰다. 우리 가족은 그렇게 가끔 장애인의 집을 다녀오고는 한다.

아빠, 엄마, 나. 이번엔 이모부, 이모, 사촌형이 함께 갔다.

서울까지는 빨리 갈 수 있었다. 그러나 조금씩 차가 밀려서 아빠는 천천히 차를 몰았다. 우리가 도착하자 모두들 나와서 우리를 반겨 주셨다. 먼저 악수를 나누고 인사를 하였다.

"반갑습니다."

나도 의젓하게 인사를 했다.

그 곳 사람들은 장애인이 대부분이었다. 하지만 보기와는 다르게 그들은 힘이 장사였다. 우리는 사과 세 상자를 가지고 갔었는데 난 들지도 못하는 것을 한 사람이 한 상자씩 번쩍 들고 갔다. 게다가 마음이 너무 착해선지 서로 들고 가겠다고 우기기도 했다.

나는 부엌 일을 좀 도왔다. 그런데 어떤 형이 나를 불렀다. 같이 놀자고 했다. 난 그 형을 따라서 운동장으로 가 보았다. 그 곳에는 농구 골대, 축구 골대 등 여러 가지 놀이 시설들이 많았다. 우리 학교에서는 못 보았던 것도 있었다.

우리는 그 곳에서 어울려 신나게 놀았다. 모두들 땀을 흘리며 열심히 맡은 자리를 지키면서 재미있게 뛰었다.

몇 시간 후, 저녁 식사 준비가 시작되었다. 엄마와 이모가 바쁘게 움직였다. 형과 누나들이 도와 주었다.

드디어 식사 시간. 반찬은 김치와 불고기, 또 사과 반 쪽씩이었다.

배가 고팠지만 나는 밥을 얼른 먹을 수가 없었다. 나만한 아이들이 밥을 직접 먹지 못하고 남의 신세를 지고 있었기 때문이다. 일그러진 얼굴과 제대로 움직여지지 않는 손을 보니 밥이 편하게 넘어가지 않았다.

내 손이, 그리고 건강한 내 몸이 그렇게 고마울 수 없었고 그렇게 불편한 몸을 하고서도 불평 한 마디 없는 그들을 보니 그 동안 불만투성이였던 나 자신이 부끄러웠다.

장애인은 왜 생겼을까, 생각하지 않을 수 없었다. 내가 알아 낸 지식은 별로 많지 않다. 엄마 뱃속에서 잘못될 수도 있고, 또 소아마비에 걸려 그렇게 될 수도 있다는 것 정도이다. 하지만 분명하게 바라는 것이 하나 생겼다. 앞으로는 그런 불쌍한 장애인들이 생기지 않았으면 하는 것이다.

여섯째, 상상력을 활용합니다

실제 있었던 사건만 글로 적는다면 결코 좋은 글이 될 수 없습니다. 마치 살은 없고 뼈만 있는 것과 같다고나 할까요. 재미있는 사건에 자신의 깊은 생각을 덧붙여야 좋은 글이 됩니다.

우리들이 생활문을 쓰는 이유는 단지 사건의 전달을 위해서가 아니죠. 살아가면서 경험하고 느낀 점을 솔직하게 표현하여 읽는 사람에게 공감과 감동을 주기 위한 것이기 때문입니다.

예문

형, 사랑해

6학년 강진구

우리 형은 나를 굉장히 좋아하면서도 가끔은 싫어하는 것 같은 느낌을 준다.

얼마 전에 나는 실수로 형의 발을 밟았다. 그래서 형이

발목을 삐게 되었다. 나는 형이 화를 많이 낼 줄 알고 가만히 있었는데 아니었다.

"괜찮아. 일부러 밟은 거 아니잖아."

형은 그냥 이렇게 말하는 것이었다. 나는 기분이 좋아져서 씩 웃었다. 그러자 형은 이번엔 다르게 말했다.

"너 일부러 밟은 거지?"

정말 형이 딴청 피우는 데에는 당할 재간이 없다.

우리 형의 취미는 독서이다. 굳이 독서를 취미로 할 필요는 없을 테지만 아무튼 다른 사람보다 훨씬 많이 읽으니까 취미라고 해도 될 것이다. 형의 장래 희망은 소설가이다. 독서를 많이 하는 형에게는 딱 어울리는 꿈이다.

우리 형은 다리가 조금 불편하다. 걷는 것이 조금 불안정해 보인다. 그러면 애들은 "니네 형 왜 그러냐?"라고 묻기도 한다.

그럼 난 언제나 이렇게 대답한다.

"우리 형 굉장히 착해."

우리 형에게는 다리에 얽힌 가슴 아픈 기억이 있다. 어렸을 때 다리 수술을 해서 지금까지 뛰어 놀지 못하고 있는 것이다. 그 때 나는 형이 불편하다는 것을 알면서도 참 많이 괴롭혔다. 지금도 그 철없었던 내 행동이 후회스럽다. 부모님도 형이 고생한 일을 생각하면 가슴이 아프다고 하신다.

형은 정말 내게 소중한 사람이다. 지금 형이 이 자리에 있다면 이렇게 말하고 싶다.

형, 사랑해.

예문

서예

6학년 박민정

　미술 시간에 떠드는 아이는 한 명도 없다. 붓이 떨어지거나 종이가 부시럭대는 소리만 들릴 뿐이다. 서예를 할 때는 더 그렇다.
　서예를 좋아하는 아이들도 있지만 나는 정말 싫다. 차라리 밖으로 나가 신나게 노는 것이 더 나을 것 같다. 그만큼 나는 서예라면 끔찍하게 싫어한다.
　내 미술 점수를 서예가 다 망쳐 놓는 것은 당연한 일이다. 안 되겠다 싶었는지 어머니는 날 서예 학원에 보내 주셨다.
　그렇게 해서 학원에 다니기 시작한 지 꽤 되었다. 그런데도 아직껏 서예가 그다지 친근감 있게 느껴지지 않는다. 열심히 해도 효과가 별로 없다. 오늘만 해도 그렇다.
　"에이, 저만큼밖에 못 나갔어? 저렇게 쉬운데 그것도 못

써?"

아이들은 내 형편없는 서예 실력을 두고 놀려 대기만 했다. 정말 서예를 잘 하고 싶었는데, 왜 그렇게 안 되는지 정말 모르겠다.

그렇다고 실망하고 포기할 내가 아니다. '천리 길도 한 걸음부터'라는 말도 있다. 단숨에 잘 하면 뭐하러 힘들여 학원까지 다닐까. 욕심 내지 않고 차근차근 해 나가기로 했다.

그러면 언젠가는 붓글씨를 제대로 써서 자랑할 수 있을 것이다.

예문

자화상

6학년 최성환

내 얼굴은 어렸을 때부터 유난히 못생겼었다. 어려서 어머니가 안고 가는데 어떤 아주머니가 쫓아 오더란다.

"뒤통수가 참 이쁘네."

그렇게 말한 아주머니는 막상 내 얼굴을 들여다보더니 아무 말 없이 가버리더라는 것이다.

내 눈은 작은 편이고, 쌍꺼풀이 없다. 귀는 커서 부처님 귀, 당나귀 귀, 라면서 애들이 놀린다. 게다가 두 눈썹 사이로 작은 사마귀가 있다. 머리털은 짧고 억세며 이마에는 몇 개의 여드름이 송송 났다. 아마 비누 세수를 안 해서 그럴 것이다. 우리 어머니는 내가 고양이 세수만 하면 늘 그러신다.

"거지가 보고 형님 하겠다."

어느 때는 수건으로 턱받이를 해 놓고 얼굴에 비누를 벅

벅 문지르신다. 나는 아프다고 큰 소리로 엄살을 떤다.

난 입술도 크지 않다.

또한 입술 아래로 까만 점이 하나 있다. 오른쪽 눈 옆에는 조그만 마마 자국이 두 개 있다. 이 글을 쓰기 위해 거울을 두 번이나 보았지만 역시 잘 생긴 얼굴은 아니다.

사람들은 어머니하고 다니면 '엄마 닮았구나'라고 말하고, 아버지하고 다니면 '아빠 닮았구나'라고 한다. 덩치는 아버지를 닮았고 생김새는 어머니를 닮지 않았을까. 아마 이 소리를 들으시면 어머니는 펄쩍 뛸 것이다.

"내가 그렇게 못 생겼니?"

하시면서 말이다. 하지만 아버지를 닮았으면 내가 꽤 근사한 얼굴이었을 거라는 것쯤은 어머니도 잘 아실 것이다.

친구들은 내가 귀엽게 생겼다고 한다. 하지만 나는 내 얼굴에 대해서 아무런 호감도 느끼질 못한다.

이런 나도 자신 있는 곳이 있다. 바로 내 눈 속이다. 내 눈망울은 검고 초롱초롱하다. 언젠가 엘리베이터를 타려는데 어느 아주머니가 말했다.

"너 눈이 유난히 맑구나."

그 말을 듣고 기뻤다. 내게도 칭찬받을 만한 구석이 있다는 것이 너무 신기했다.

고쳤으면 하는 부분은 많다. 눈 끝이 약간 위로 올라갔으면 좋겠고, 코도 좀 커지고, 머리카락도 금방 자라지 말았으면 좋겠다. 이발소 자주 가는 일은 대단한 고통이다.

또 한 가지 빠뜨릴 수 없다. 그건 내 목에 걸린 큰 점이다. 얼마나 크냐면 엄지 손톱만 하다. 갈색이다. 어렸을 때는 친구들이 놀려서 점을 감추느라 애를 썼다. 하지만 지금은 다르다. 어머니께서 복점이라고 하셨기 때문이다. 그런 말을 듣고부터는 절대 점을 감추지 않는다. 남 없는 것을 내가 지니고 있다니 차라리 뜻깊을 정도이다.

얼굴과 생김새는 겉모양을 멋있어 보이게 해 준다. 하지만 속마음이 더 중요하다는 것을 나는 안다. 잘 생겼어도 성격이 나쁘면 그게 무슨 소용이람.

> 결론은 내 얼굴이 못생긴 것은 사실이지만 난 내 얼굴에 대해서 불만이 전혀 없다는 것이다.

일곱째, 문장은 되도록 간결하되 많은 뜻을 품고 있어야 합니다

처음 글을 쓰다 보면 자세하게 써야 된다는 부담감 때문에 꼼꼼하게 쓰려고 애를 씁니다. 그러다 보면 글은 쓸데없이 길어집니다. 마치 산 꼭대기가 바로 눈앞에 있는데 이리저리 돌아서 도착하는 것처럼 말입니다.

문장이 길어지면 무슨 말을 하려고 하는지 이해할 수가 없게 됩니다. 또한 문장이 짧아야 글의 긴장감도 더해질 수 있습니다.

물고기 그림을 그린다고 생각해 보세요. 물고기 전체를 세세하게 그릴 수도 있지만 그렇게 되면 보는 이에게 상상과 생각의 여유를 주지 못하죠. 글에서는 물고기 전체를 다 그릴 필요는 없습니다. 지느러미, 아가미, 비늘, 그런 부분적인 것만 그려 놓고서도 읽는 사람에게 '아, 물고기구나' 라고 생각할 수 있게 해야 합니다.

예 문

할아버지

4학년 이은미

우리 할아버지는 아주 늙으셨습니다. 나는 할아버지가 좋기도 하고 싫기도 합니다. 용돈을 주실 때는 좋지만 길에다 침을 뱉으실 때는 정말 싫습니다.

할아버지는 혼자서 길을 어정어정 걸어다니십니다. 다리가 불편하시기 때문에 지팡이를 꼭 가지고 다니십니다. 동네 애들은 우리 할아버지를 놀리기도 합니다. 그러면 할아버지는 애들을 야단치지만 별로 무섭진 않습니다.

우리 할머니는 내가 다섯 살 때 돌아가셨습니다. 나는 그 때를 지금도 기억합니다.

"엉엉엉."

할아버지는 할머니 사진 앞에서 큰 소리로 우셨습니다. 나는 그 때 할아버지가 우시는 모습을 처음 보았습니다.

할아버지 울음 소리 때문에 저와 가족들은 더 많이 울었습니다.

할머니가 살아 계셨을 때가 제일 좋았습니다. 언니가 날 때리려고 하면 할머니와 할아버지는 언니를 타일러서 나를 못 때리게 하셨습니다.

하루는 강아지한테 쫓겨서 막 도망친 일이 있었습니다. 나는 달리기를 너무 못 해서 금방 강아지한테 물릴 것 같았습니다.

그 때 할아버지는 밖에서 나무를 자르고 계셨습니다. 내가 울면서 달려가자 할아버지는 강아지를 쫓아 주셨습니다. 할머니는 우는 나를 안아 주시면서 안심시켜 주셨습니다.

"강아지가 너를 물려고 쫓아온 게 아니라 좋아서 따라온 거야."

그 생각을 하면 할머니가 많이 보고 싶어집니다. 할머니가 살아 계셨으면 할아버지는 침도 안 흘리시고 건강하게 살고 계실지 모릅니다.

우리 가족은 가끔 할머니 산소에 갑니다.

산소에 간다고 하면 우리 할아버지는 아기처럼 좋아합니다. 아마 할머니가 무척 보고 싶으신가 봅니다.

예 문

의젓한 내 동생

4학년 김병철

나는 장난기가 아주 많은 편이다. 크게 잘못을 해서 야단 맞은 기억은 없지만 아주 사소한 장난들로 해서 엄마한테 곧잘 야단을 맞는다.

얼마 전에도 나는 멀쩡한 비누를 주먹으로 꽝 때려서 반을 뭉개 놓았다. 또 자전거 바퀴를 발로 차서 망가뜨려 놓는다거나, 동생을 때려 울리는 일은 아주 도사다. 물론 내 동생도 만만하지만은 않다.

"형, 왜 때려!"

하면서 나한테 대들기 일쑤이다. 이 형님한테 말이다. 그러면 난 동생을 때려 준다.

그렇다고 내가 이유 없이 동생을 때리는 것은 아니다. 내가 동생을 때리는 데는 이유가 있다. 우선 말을 안 듣거나 나를 약올리면 주먹이 먼저 나간다.

그렇지만 동생이 좋을 때도 많다.

어느 날 자전거를 타고 골목을 빠져 나가는데 갑자기 빵빵, 자동차 소리가 요란했다. 저 앞에서 차가 빠르게 달려오고 있었다. 나는 간신히 피할 수 있었다.

"아저씨, 잘 보고 다니세요!"

동생이 나 대신 소리쳤다. 나는 너무 놀라서 아무 말도 못하고 자전거 탈 마음도 없어졌다. 그러면서도 한 켠으로는 동생이 참 기특하였다.

자전거 타는 것을 포기하고 숙제를 하기 시작했는데도 계속 그 일만 생각났다. 그러다가 깜빡 잠이 들고 말았다. 얼마나 놀랐는지 꿈도 그 비슷한 것을 꾸었다.

한참 자다가 누군가 깨워서 눈을 떴더니 동생이었다.

"학원에 안 갈 거야?"

동생이 의젓하게 물었다. 시계를 보았다. 벌써 6시였다. 허둥지둥 가방을 챙기고 집을 나서는 나한테 동생은 과자를 내밀었다. 아마도 동생은 내가 너무 놀라서 잠이 든 거라 생각하고 내가 좋아하는 과자를 사 둔 모양이었다.

동생이 꼭 형처럼 굴 때도 간혹 있다.

예문

건강

5학년 문소영

콜록 콜록.

그렇게 기침에 시달리는 게 몇 주일째인지 모르겠다. 가래 끓는 소리는 정말 지겨웠다. 마구 짜증이 났다.

"엄마, 자꾸 기침이 나요."

너무 짜증이 나서 엄마한테 우는 소리를 하며 동생의 옷을 마구 집어 던졌다. 그래도 계속 기침이 나서 꽥꽥 소리를 질러 댔다.

"너는 왜 아프기만 하면 소리를 지르니?"

엄마가 기어이 화를 내셨다. 내가 잘못했다는 것을 알면서도 엄마가 화를 내면 정말 섭섭하다. 그런 기분으로 학교를 오면 하루 종일 우울해진다. 기침 때문에 공부도 제대로 되지 않았다.

'나는 왜 아플까?'

건강한 모습으로 공부하고 있는 친구들을 보면 이런 생각이 저절로 든다.

나는 조금 게으른 편이다. 아침에는 제대로 세수를 하는데 저녁이면 고양이 세수다.

"좀 박박 닦고 그래라. 고양이 세수나 하고 있으니 감기에 안 걸리고 배겨?"

내가 감기에 걸려도 엄마는 약도 안 주신다.

"약 습관 들이면 안 돼. 깨끗하게 닦는 습관을 들여서 병에 걸리지 말아야지."

엄마 말씀대로 했으면 감기에 안 걸렸을지 모른다. 하지만 나는 엄마 말씀을 귀담아 듣지 않았고, 그래서 지금 이렇게 고생하는 것 같다.

"그것 봐라."

계속 무관심한 척하시던 엄마께서 걱정을 하시며 내 머리를 만졌다. 걱정하는 엄마 얼굴을 보니까 더 아픈 것 같았다.

> 그날부터 나는 세수와 양치질을 잘 하기로 결심했다. 그리고 행동에 옮겼다. 그래서였을까. 정말로 감기가 조금씩 물러나고 있었다. 기침도 훨씬 줄었다.
> 역시 건강은 스스로 지켜야 하는 모양이다.

여덟째, 대화를 적절하게 넣습니다

누가 누구와 대화하는 식의 대화체를 싫어하는 사람은 없습니다. 대화체는 쓰는 사람도 편하고 쉽지만 읽는 사람도 편안하게 읽을 수 있게 해 줍니다.

딱딱하게 문장만 끌고 가면 금방 지루해지게 마련입니다. 적당하게 대화를 넣어 주면서 글을 쓴다면 그 속에 나오는 사람들의 성격도 자세하게 나타내 줄 수 있습니다.

대화체를 넣을 때는 될 수 있으면 말하는 사람의 말투까지 정확하게 써야 합니다. 할아버지와의 대화를 넣는다면 할아버지 특유의 말투를 그대로 써 주어야 하고, 사투리를 쓰는 사람들의 대화를 넣고 싶다면 사투리 그대로 써야 합니다.

예문

내가 만든 송편

2학년 김은비

　추석에 친척들이 할머니 댁에 모였다. 우리 가족도 할머니 댁에 가서 친척들과 함께 지내게 되었다. 엄마는 차례 음식을 준비하시느라 바쁘셨다. 나도 엄마처럼 부엌에서 일을 하고 싶었다.

　"엄마, 도와 드릴 거 없어요?"
　"은비는 할머니랑 송편 만들련?"
　할 수 없이 할머니에게로 갔다. 할머니는 송편을 만들고 계셨다. 설탕과 깨를 섞어 넣은 송편도 있고, 삶은 콩을 넣은 송편도 있었다. 나는 내가 좋아하는 깨와 설탕을 넣어서 송편을 만들었다. 할머니가 만드시는 송편은 아주 예뻤다. 반달 모양이 많았다. 예쁘니까 더 맛있을 것 같았다. 내가 만든 송편은 미웠다. 울

퉁불퉁했다.

"할머니, 어떻게 하면 예쁘게 만들 수 있어요?"

"정성스럽게 만들면 돼."

나도 할머니처럼 정성을 들여 만들어 보았다.

"할머니, 제가 만든 것 좀 보세요."

"우리 은비가 만든 것이 제일 예쁘구나."

할머니는 내 송편이 예쁘다고 해 주셨다. 기분이 좋아졌다. 나중에 내가 만든 송편만 먹어 보았다. 정말 맛있었다. 그런데 웃기는 일도 있었다. 예쁘게 생긴 송편 하나를 집어 입에 넣었는데 너무 매웠다.

"아 매워!"

나는 비명을 지르며 주전자를 들고 빙글빙글 돌았다. 그러다가 넘어지고 말았다. 분명히 오빠가 나를 골탕 먹이려고 송편에 고춧가루를 넣었을 것이다.

"나는 안 그랬어."

오빠는 시치미를 뗐다. 다른 날 같으면 오빠를 한 대 때려 줬을 텐데 내일이 추석이니까 참기로 했다.

예문

풍선 로켓

3학년 백화평

 토요일마다 과학 나라에 가요. 거기에 가면 매일 두 가지 실험을 합니다.
 오늘은 종이 위에 쇳가루를 뿌려 자석으로 움직이게 하는 실험이었습니다. 자석이 움직이는 대로 종이 위에 쇳가루가 따라 움직였어요.
 우리들은 장난을 하느라고 더 정신이 없었어요.
 다음 실험은 풍선 로켓 만들기였어요. 풍선을 불어서 손에 들었다가 놓으면 바람이 빠지면서 로켓처럼 하늘을 날아가지요. 풍선을 너무 세게 불어서 터진 아이들도 있었어요. 얼른 친구들에게 자랑하고 싶었습니다. 집으로 가는 길에 아이들을 만났어요. 아이들은 얼음땡 놀이를 하고 있었습니다.
 "나 풍선 로켓 만들 줄 안다. 보여 줄까?"

친구들은 궁금해 하며 모여들었어요. 입에 바람을 잔뜩 물고 풍선을 불었습니다. 빵빵해진 풍선을 하늘을 향해 놓았습니다.

"피융!"

바람 빠지는 소리를 내며 풍선은 하늘로 날아갔어요. 그런데 금방 땅으로 떨어졌습니다.

"뭐야, 금방 떨어지잖아."

친구들이 시시하다고 해서 약이 올랐습니다.

"잠깐만 기다려. 오래 날아다니게 할 수 있어."

나는 다시 풍선을 크게 불었습니다. 아이들은 귀를 막고 지켜 보았어요. 금방이라도 터져 버릴 것같이 빵빵해진 풍선을 하늘로 날렸습니다. 아까보다 더 세게 날았지만 그대로 금방 떨어졌습니다.

아이들에게 자랑하려고 했는데 풍선 로켓은 저를 약만 올렸습니다.

친구들이 다 가 버리자 저는 혼자서 풍선 로켓을 가지고 놀았습니다. 처음에는 안 되더니 자꾸 해 보니까 조금씩 많이 날았습니다. 바람을 이용해서 풍선을 날리면 그만큼 오래 날았습니다.

 다음 주에 과학 나라에 가면 무슨 실험이 있을까, 벌써 기다려집니다.

예문

우리들의 솜씨

3학년 이기영

만들기 시간이었습니다. 선생님께서 교실 벽에 큰 도화지를 붙이셨습니다. 우리들이 종이로 만든 것들을 붙이는 것입니다.

"어느 조가 열심히 하는지 나중에 일등을 뽑기로 하겠어요."

선생님께서 조를 나누어 주셨습니다. 나는 6조가 되었습니다. 다른 조는 여섯 명이나 되는데 우리 조만 세 명밖에 없었습니다. 인원이 적은 것이 불만스러웠지만 할 수 없었습니다.

"그래도 열심히 하자."

조장이 그렇게 말했습니다.

우리는 각자 자기의 솜씨를 발휘했습니다. 나는 집과 나무를 접었습니다. 산타할아버지와 크리스마스 트리를 접는 아이도 있었습니다. 참 귀엽고 예쁜 트리였습니다. 다른 조의 어떤 아이는 종이 접기 책을 가져와 보면서 접었습니다. 나는 얼른 그 애한테로 갔습니다.

"나 그 책 좀 빌려 줘. 잠깐만 보고 줄게."

"싫어! 나도 해야 해!"

그 애는 얼른 책을 감추었습니다. 나는 다음에 그 애한테 아무 것도 빌려 주지 않겠다는 생각을 했습니다.

2조는 솜을 예쁘게 뭉쳐서 붙였습니다. 하얀 솜에 풀을 묻혀서 붙이니까 정말 눈송이 같았습니다. 우리 조의 작품에도 그런 솜을 붙이고 싶었는데 솜이 없었습니다. 나는 다시 용기를 내어 2조의 아이한테 부탁을 했습니다.

"솜 조금만 빌려 줄래?"

"응, 많이 있어."

그 애는 가지고 있던 솜을 조금 뜯어 주었습니다. 정말 고마웠습니다. 선생님께서는 각 조가 만든 것을 둘러보셨습니다.

"제일 잘 한 조를 뽑겠어요. 3조가 제일 열심히 했어요. 여러 가지 종이 접기로 정성 들여 만들었어요."

　3조가 일등을 했습니다. 내가 보아도 3조가 만든 것이 제일 예뻤습니다.

　"6조는 인원도 적은데 정성 들여 열심히 만들었어요."

　선생님 말씀을 듣고 우리 조 아이들은 환호성을 질렀습니다. 뭐든 열심히 하면 된다는 것을 다시 한 번 깨달았습니다.

어린이 에세이 — ⑤
생활문은 어떻게 써요?

초판 1쇄 인쇄 : 2018년 6월 27일 인쇄
초판 1쇄 발행 : 2018년 7월 7일 발행

저　자 : 어린이 에세이 교실
펴낸곳 : 자유토론
주소 : 서울시 송파구 문정로 13길 15-16 2층
전화 : 02) 333-9535 / 팩스 : 02) 6280-9535
E-MAIL : fibook@naver.com
제작 : (주) 북솔루션

ISBN　978 - 89 - 93622 - 49 - 2 73810

* 잘못된 책은 구입하신 서점에서 교환해 드립니다.
* 저자와의 협의에 의해 인지는 생략합니다.